ひらがな

あ a	い i	う u	え e	お o
か ka	き ki	く ku	け ke	こ ko
さ sa	し shi	す su	せ se	そ so
た ta	ち chi	つ tsu	て te	と to
な na	に ni	ぬ nu	ね ne	の no
は ha	ひ hi	ふ hu	へ he	ほ ho
ま ma	み mi	む mu	め me	も mo
や ya		ゆ yu		よ yo
ら ra	り ri	る ru	れ re	ろ ro
わ wa				を o
ん N				

カタカナ

ア a	イ i	ウ u	エ e	オ o
カ ka	キ ki	ク ku	ケ ke	コ ko
サ sa	シ shi	ス su	セ se	ソ so
タ ta	チ chi	ツ tsu	テ te	ト to
ナ na	ニ ni	ヌ nu	ネ ne	ノ no
ハ ha	ヒ hi	フ hu	ヘ he	ホ ho
マ ma	ミ mi	ム mu	メ me	モ mo
ヤ ya		ユ yu		ヨ yo
ラ ra	リ ri	ル ru	レ re	ロ ro
ワ wa				ヲ o
ン N				

머리말

글로벌사회를 살아가는 우리들에게 어느새 외국어는 먹고사는 것만큼이나 중요해진 것 같다. 외국어의 완전 정복을 목표로 필사의 노력을 경주하는 모습도 여기저기서 보인다. 아침형 인간의 전형을 만들어내며 새벽시간을 쪼개 외국어학원으로 달려가는 직장인들이나, 부모들의 열렬한 후원을 받으며 영어권나라로, 중국으로 조기유학을 떠나는 아이들...

외국어를 배우고 공부하는 목적은 다양할 것이다. 목적이 무엇이든 간에 이 책의 독자 여러분은 일본어에 흥미를 갖고 새로운 도전을 시도하려 하고 있다. 우리말과 매우 유사하다는 일본어, 이웃나라 일본인들이 사용하는 일본어는 과연 어떤 말일까? 근년 속속 이루어지고 있는 일본 대중문화 개방 속에서 우리의 눈을 끌고 귀를 집중시키는 애니메이션과 영화, 음반 등 매체 속의 일본어를 자신의 눈과 귀로 이해할 수 있다면 얼마나 흥미진진할까?
시작해보자. 재미있는 일본어 공부를.

본서는 재미있는 일본어 학습 첫 걸음이 될 수 있도록 다음과 같이 구성하였다. 실생활에서 쉽게 맞닥뜨리는 장면의 일본어를 접할 수 있도록 <기본대화>를 설정하였고, 다시 한번 확인하고 활용할 수 있도록 <발전독해>를 제시하였다. 중요한 표현을 익힐 수 있도록 <문형연습>을, 또한 예습·복습이 가능하도록 <중요사항 해설>과 <연습문제>를 실었으며, <쉬어가기> 코너의 사항도 함께 알아둔다면 여러분의 일본어실력을 튼튼하게 키워주는데 큰 도움이 될 것이다.

'시작이 반이다'라는 말을 떠올린다면 뭔가를 시작한다는 것이 얼마나 중요한 일인가를 알 수 있다. 그에 못지 않게 꾸준히 계속하는 일 또한 중요할 것이다. 특히 외국어 학습에서는 매일 꾸준히 하는 것 외에 정석은 없는 것 같다. 본서가 일본어 학습 첫걸음을 내딛고자 하는 학습자들의 든든한 길잡이가 될 수 있기를 바라마지 않는다.
마지막으로 본서가 나오기까지 도움을 주신 남득현선생(명지대 강사)과 주식회사 제이앤씨 관계자 여러분께 감사의 뜻을 전하고 싶다.

2004년 2월
저자 일동

목 차

第 *1* 課
일본어의 문자와 발음(1)

第1課 일본어의 문자와 발음(1)

　　일본어에서 사용되는 문자는 히라가나(ひらがな)와 가타카나(カタカナ), 한자, 로마자의 4종이다. 히라가나는 9세기경 한자의 초서체를 간략화하여 만들어진 것이며 가타카나는 한자의 자획을 생략한 것으로 주로 불교경전을 해독하기 위해 행간에 썼던 문자로, 현재는 외래어나 의성어·의태어 등을 표기하는데 사용된다.

　　일본어의 문자체계는 [a] [i] [u] [e] [o]라는 5개의 모음과 10개의 자음이 결합되어 이루어진 50음도를 기본으로 한다. 현대에 이르러 이중 5개의 문자가 사용되지 않음으로서 엄밀하게는 「ん」을 포함하여 46개의 문자체계표를 구성한다.
　　여기에서 유성음으로 분류되는 20개의 탁음과 5개의 반탁음, 그리고 복합음인 33개의 요음이 파생된다. 여기에 우리말의 받침과 같은 역할을 하는 「ん」과 「っ」를 합한다 해도 음절수는 110개를 넘지 않는다.
　　단 히라가나와 가타카나라는 2종의 문자를 갖기 때문에 정확히는 이의 두배가 되겠다. 따라서 전체적으로 220개 정도의 문자를 익혀야 하지만, 기본적으로 50음도를 이해하면 나머지는 자연스럽게 습득하게 될 것이다.

1. 청음(清音): 50음도

　　5개의 모음과 10개의 자음이 결합하여 문자를 이룬다. 우리말이 「가 → ㄱ[k]＋ㅏ[a]」로 분리 가능한 조합형이라면 일본어는 분리되지 않는 완성형문자라 할 수 있다. 이중 あ행의 「あ, い, う, え, お」는 자음이 제로음가이기 때문에 모음만으로 이루어진 문자라 할 수 있다. 모음이 동일한 가로계열을 「단(段)」이라 하고 자음이 동일한 세로계열을 「행(行)」이라 한다.

청음 중 현대어에 이르러 규칙에서 벗어난 발음을 하는 문자는 다음과 같다. 표에서는 음영으로 처리하였다.
　　ち(ti → chi), つ(tu → tsu), を(wo → o)

《히라가나 청음》

행 단	あ [-]	か [k]	さ [s]	た [t]	な [n]	は [h]	ま [m]	や [y]	ら [r]	わ [w]
あ [a]	あ a	か ka	さ sa	た ta	な na	は ha	ま ma	や ya	ら ra	わ wa
い [i]	い i	き ki	し shi	ち chi	に ni	ひ hi	み mi		り ri	
う [u]	う u	く ku	す su	つ tsu	ぬ nu	ふ hu	む mu	ゆ yu	る ru	
え [e]	え e	け ke	せ se	て te	ね ne	へ he	め me		れ re	
お [o]	お o	こ ko	そ so	と to	の no	ほ ho	も mo	よ yo	ろ ro	を o
										ん N

《가타카나 청음》

행 단	ア [-]	カ [k]	サ [s]	タ [t]	ナ [n]	ハ [h]	マ [m]	ヤ [y]	ラ [r]	ワ [w]
ア [a]	ア a	カ ka	サ sa	タ ta	ナ na	ハ ha	マ ma	ヤ ya	ラ ra	ワ wa
イ [i]	イ i	キ ki	シ shi	チ chi	ニ ni	ヒ hi	ミ mi		リ ri	
ウ [u]	ウ u	ク ku	ス su	ツ tsu	ヌ nu	フ hu	ム mu	ユ yu	ル ru	
エ [e]	エ e	ケ ke	セ se	テ te	ネ ne	ヘ he	メ me		レ re	
オ [o]	オ o	コ ko	ソ so	ト to	ノ no	ホ ho	モ mo	ヨ yo	ロ ro	ヲ o
										ン N

다음 단어를 발음해보시오.

1) あり

2) かき

3) さしみ

4) くつ

5) ミルク

6) ライト

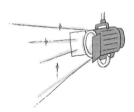

7) シネマ

8) キムチ

2 탁음(濁音), 반탁음(半濁音)

「が행」「ざ행」「だ행」「ば행」의 20자로 「청음」과 혀의 위치는 같으나 성대를 울려 내는 탁한 소리를 「탁음」이라 한다. 또한, 「ば」행과 같이 입술을 벌려 소리를 내되, 성대를 울리지 않는 「ぱ행」(5자)이 있다. 이는 「반탁음」이라 불린다.

《히라가나 탁음, 반탁음》

	탁음				반탁음
	が[g]	ざ[z]	だ[d]	ば[b]	ぱ[p]
あ [a]	が ga	ざ za	だ da	ば ba	ぱ pa
い [i]	ぎ gi	じ zi	ぢ zi	び bi	ぴ pi
う [i]	ぐ gu	ず zu	づ zu	ぶ bu	ぷ pu
え [e]	げ ge	ぜ ze	で de	べ be	ぺ pe
お [o]	ご go	ぞ zo	ど do	ぼ bo	ぽ po

《가타카나 탁음, 반탁음》

	탁음				반탁음
	ガ[g]	ザ[z]	ダ[d]	バ[b]	パ[p]
ア [a]	ガ ga	ザ za	ダ da	バ ba	パ pa
イ [i]	ギ gi	ジ zi	ヂ zi	ビ bi	ピ pi
ウ [u]	グ gu	ズ zu	ヅ zu	ブ bu	プ pu
エ [e]	ゲ ge	ゼ ze	デ de	ベ be	ペ pe
オ [o]	ゴ go	ゾ zo	ド do	ボ bo	ポ po

탁음 중 현대어에 이르러 규칙에서 벗어난 발음을 하는 문자는 다음과 같다. 표에서는 음영으로 처리하였다.
　ぢ(di → zi), づ(du → zu)

다음 단어를 발음해보시오.

1) かぐ

2) めがね

3) みず

4) よじ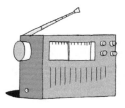

5) ビザ

6) ピザ

7) ラジオ

8) バス

3. 요음(拗音)

「い단」음 중「き, ぎ, し, じ, ち, ぢ, に, ひ, び, ぴ, み, り」에 반자음 [y]가 붙고 [a] [u] [o] 모음과 조합하여 발음되는 1음절의 문자이다. 표기시에는 「きゃ, きゅ, きょ」와 같이 「ゃ, ゅ, ょ」를 작게 쓰되 앞 문자에 붙여 쓴다.

《히라가나 요음》

행 단	か [ky]	さ [sy]	た [ty]	な [ny]	は [hy]	ま [my]	ら [ry]	が [gy]	ざ [za]	だ [dy]	ば [by]	ぱ [py]
あ[a]	きゃ	しゃ	ちゃ	にゃ	ひゃ	みゃ	りゃ	ぎゃ	じゃ	ぢゃ	びゃ	ぴゃ
	kya	sya	cha	nya	hya	mya	rya	gya	zya	zya	bya	pya
う[u]	きゅ	しゅ	ちゅ	にゅ	ひゅ	みゅ	りゅ	ぎゅ	じゅ	ぢゅ	びゅ	ぴゅ
	kyu	syu	chu	nyu	hyu	myu	ryu	gyu	zyu	zyu	byu	pyu
お[o]	きょ	しょ	ちょ	にょ	ひょ	みょ	りょ	ぎょ	じょ	ぢょ	びょ	ぴょ
	kyo	syo	cho	nyo	hyo	myo	ryo	gyo	zyo	zyo	byo	pyo

요음 중 현대어에 이르러 규칙에서 벗어난 발음을 하는 문자는 다음과 같다. 표에서는 음영으로 처리하였다.

ちゃ, ちゅ, ちょ (tya/tyu/tyo → cha/chu/cho)

ぢゃ, ぢゅ, ぢょ (dya/dyu/dyo → zya/zyu/zyo)

《가타카나 요음》

행 단	カ [ky]	サ [sy]	タ [ty]	ナ [ny]	ハ [hy]	マ [my]	ラ [ry]	ガ [gy]	ザ [zy]	ダ [dy]	バ [by]	パ [py]
ア[a]	キャ	シャ	チャ	ニャ	ヒャ	ミャ	リャ	ギャ	ジャ	ヂャ	ビャ	ピャ
	kya	sya	cha	nya	hya	mya	rya	gya	zya	zya	bya	pya
ウ[u]	キュ	シュ	チュ	ニュ	ヒュ	ミュ	リュ	ギュ	ジュ	ヂュ	ビュ	ピュ
	kyu	syu	chu	nyu	hyu	myu	ryu	gyu	zyu	zyu	byu	pyu
オ[o]	キョ	ショ	チョ	ニョ	ヒョ	ミョ	リョ	ギョ	ジョ	ヂョ	ビョ	ピョ
	kyo	syo	cho	nyo	hyo	myo	ryo	gyo	zyo	zyo	byo	pyo

다음 단어를 발음해보시오.

1) いしゃ

2) おちゃ

3) ひゃく

4) じしょ

5) キャベツ

6) シャツ

7) チョコ

8) パジャマ

쉬 어 가 기

* 다음은 서로 비슷하여 혼동하기 쉬운 글자이다. 형태에 유의하여 발음 해보자.

(히라가나의 경우)

1) い / り
2) う / ら
3) こ / て
4) く / し
5) ぬ / め
6) ほ / は / ま
7) れ / わ / ね

(가타카나의 경우)

1) ア / ヤ / マ
2) コ / ユ
3) シ / ツ
4) フ / ス / ヌ
5) チ / テ
6) ナ / メ / ノ
7) ハ / ヘ
8) シ / ン / ソ

MEMO NOTE

일본어의 문자와 발음(2)

 第2課 **일본어의 문자와 발음(2)**

일본어의 특수음으로는 한국어의 반침과 같은 역할을 하는 촉음 「っ」과 발음 「ん」
이 있고, 그밖에 장음규칙이 있다.

1. 촉음(促音) : 「っ」

우리말의 반침중 「ㄱ[k]」 「ㅅ[s]」 「ㄷ[t]」 「ㅂ[p]」반침에 해당하는 발음으로, 뒤에 오
는 문자의 발음에 동화된다. 특히 한 박자를 충분히 끌어주어야 한다.

① [k](か행)음 앞에서는 [k]로 발음된다.
   ・いっかい[ikkai] : 1층

② [s](さ행)음 앞에서는 [s]로 발음된다.
   ・いっさい[issai] : 한 살

③ [t](た행)음 앞에서는 [t]로 발음된다.
   ・いったい[ittai] : 도대체

④ [p](ぱ행)음 앞에서는 [p]로 발음된다.
   ・いっぱい[ippai] : 가득

2 발음(撥音) : 「ん」

우리말의 받침중 「ㅁ[m]」 「ㄴ[n]」 「ㅇ[ŋ]」에 해당하는 발음으로, 뒤에 오는 문자의 발음에 동화된다. 이중 ④의 「N」은 우리말의 받침 「ㅇ」에 가까우나 좀더 목 안쪽에서 나는 소리이다.

① [m](ま행), [b](ば행), [p](ぱ행)음 앞에서는 [m]으로 발음된다.
  · さんま　　[samma]　　 : 꽁치
  · がんばる[gambaru]　 : 노력하다
  · しんぱい[shimpai]　 : 걱정

② [z](ざ행), [t](た행), [d](だ행), [n](な행), [r](ら행)음 앞에서는 [n]으로 발음된다.
  · ぎんざ　　[ginza]　　　 : 긴자(지명)
  · いんたい　[intai]　　　 : 은퇴
  · かんだ　　[kanda]　　　 : 간다(지명)
  · まんなか　[mannaka]　 : 한가운데
  · しんらい　[sinrai]　　 : 신뢰

③ [k](か행), [g](が행)음 앞에서는 [ŋ]으로 발음된다.
  · さんか　　[saŋka]　　 : 참가
  · まんが　　[maŋga]　　 : 만화

④ 어말의 「ん」과 [a](あ행), [w](わ행), [y](や행) 등의 음 앞에서는 [N]으로 발음된다.
  · しゃしん　[shashiN]　 : 사진
  · れんあい　[reNai]　　 : 연애
  · ほんや　　[hoNya]　　 : 책방
  · でんわ　　[deNwa]　　 : 전화

3. 장음(長音) 규칙

「東京」의 우리말표기는 「도쿄」이지만, 이를 그대로 발음하면 일본인은 알아듣지 못한다. 그 이유는 바로 일본어의 장음을 무시했기 때문이다. 실제 발음은 [tokyo](ときょ)가 아니라 [to:kyo:](とうきょう)이다. 장음 규칙을 살펴보자.

① [a](あ단)음 다음에 「あ」가 올 경우는 [a:]로 발음된다.
・おかあさん[oka:saN] : 어머니

② [i](い단)음 다음에 「い」가 올 경우는 [i:]로 발음된다.
・おにいさん[oni:saN] : 형, 오빠

③ [u](う단)음 다음에 「う」가 올 경우는 [u:]로 발음된다.
・すうじ[su:zi] : 숫자

④ [e](え단)음 다음에 「え」가 올 경우는 [e:]로 발음된다.
・おねえさん[one:saN] : 누나, 언니

⑤ [o](お단)음 다음에 「う」가 올 경우는 [o:]로 발음된다.
・おとうさん[oto:saN] : 아버지

그밖에 다음과 같은 예가 있다.

[o](お단)음 다음에 「お」가 올 경우, [o:]로 발음된다.
・おおい[o:i] : 많다

한자어의 경우, [e](え단)음 다음의 「い」는 [e:]로 발음된다.
・えいご[e:go] : 영어

단, カタカナ 표기에서의 장음은 모두「一」으로 표시한다.
　・アパート[apaːto] : 아파트
　・アイスクリーム[aisukuriːmu] : 아이스크림

특히 다음과 같이 장단음에 의해 의미가 달라지는 경우도 있으므로 주의해야 한다.

　・ビル[biru] : 빌딩
　・**ビール**[biːru] : 맥주

연 습 문 제

1. 다음 단어의 「っ」의 발음은 [k] [s] [t] [p] 중 각각 어느 것인지 적으시오

① きっぷ ② ざっし ③ きって ④ さっか

(   )   (   )   (   )   (   )

2. 다음 단어의 「ん」의 발음은 [m] [n] [b] [N] 중 각각 어느 것인지 적으시오.

① にほん ② こんにちは ③ かんこく ④ ほんばこ

(   )   (   )   (   )   (   )

3. 다음 단어는 ぁ단, ぃ단, ぅ단, ぇ단, ぉ단 장음 중 각각 어느 것에 해당되는지 적으시오.

1) おばあさん　　**2)** とけい　　**3)** とうふ　　**4)** ふうせん

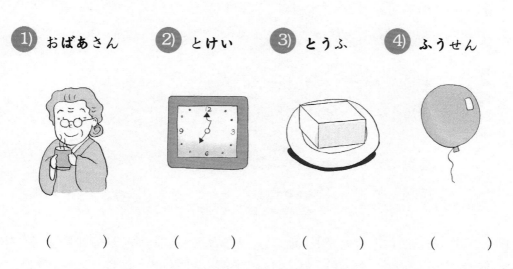

（　　　）　　　（　　　）　　　（　　　）　　　（　　　）

쉬 어 가 기

＊ 일본어의 한자읽기

일본어의 한자읽기에는 중국어의 원음에 따른 「음독(音読)」과 한자의 뜻으로 읽는 「훈독(訓読)」이 있다.

> ・水 ┌ 음독 : すい　　水道(<u>すい</u>どう)
> 　　　└ 훈독 : みず　　お水(お<u>みず</u>)
>
> ・山 ┌ 음독 : さん　　富士山(ふじ<u>さん</u>)
> 　　　└ 훈독 : やま　　野山(の<u>やま</u>)

우리말에는 「不(불, 부)」「殺(살, 쇄)」 등, 일부를 제외하고는 대부분 한 자(1字)당 하나의 읽기가 있지만, 일본어의 경우는 여러개일 때가 많다. 게다가 두 자(2字) 이상의 한자어는 음은 음끼리, 훈은 훈끼리 읽는 경우가 있는가 하면 음과 훈을 섞어 읽는 경우도 있다.

> ・野球(음+음),　　建物(훈+훈)
> ・本箱(음+훈),　　身分(훈+음)

第 **3** 課
はじめまして

第3課 はじめまして

▶ 기본대화

田中(たなか)：こんにちは。

崔(チェ)：こんにちは。

田中：はじめまして。私(わたし)は田中好夫(たなかよしお)です。

崔：はじめまして。崔誠美(チェソンミ)です。

田中：どうぞよろしくお願(ねが)いします。

崔：こちらこそ、どうぞよろしく。

田中：失礼(しつれい)ですが、崔(チェ)さんは経営学科(けいえいがっか)ですか。

崔：いいえ、私は経営学科(けいえいがっか)ではありません。日本語科(にほんごか)です。

田中さんは経営学科(けいえいがっか)ですか。

田中：はい、そうです。

새로 나온 말 ●●●●●●●●●●●●●●●●●●●●●●●●●●●●●●●●●●●

・こんにちは **안녕하세요** ・はじめまして **처음 뵙겠습니다** ・私(わたし) **나, 저** ・～は **은/는** ・～です **입니다** ・どうぞ **아무쪼록** ・よろしく **잘** ・お願(ねが)いします **부탁드립니다** ・こちらこそ **저야말로** ・失礼(しつれい) **실례** ・～が ・～(이)지만 ・経営学科(けいえいがっか) **경영학과** ・～ですか **입니까?** ・いいえ **아니오** ・～ではありません **～이/가 아닙니다** ・日本語科(にほんごか) **일본어과** ・はい **네** ・そうです **그렇습니다**

崔誠美さんは韓国大学の学生で、日本語科の２年生です。趣味はスノーボードです。

金民洙さんは崔さんの友達です。体育学科の学生で、２年生です。

田中好夫さんは日本の留学生です。専攻は経営学で、趣味はテニスです。

佐藤アヤさんも日本の留学生で、コンピュータ科の３年生です。佐藤さんの趣味もテニスです。

새로 나온 말 ●●●●●●●●●●●●●●●●●●●●●●●●●●

・~さん　**~씨**　・韓国大学(かんこくだいがく)　**한국대학**　・~の　**~의**　・学生(がくせい)　**학생**　・~で ~**(이)고**　・~年生(ねんせい)　**~학년**　・趣味(しゅみ)　**취미**　・スノーボード　**스노보드**　・友達(ともだち) **친구**　・体育学科(たいいくがっか)　**체육학과**　・日本(にほん)　**일본**　・留学生(りゅうがくせい)　**유학생** ・専攻(せんこう)　**전공**　・経営学(けいえいがく)　**경영학**　・テニス　**테니스**　・~も　**~도**　・コンピュータ 科(か)　**컴퓨터과**

중요사항 해설

1) ～は ～です(か)

「～は」는 우리말의 「～은/는」에 해당되는 조사로, 이 경우에는 [ha]로 발음하지 않고 [wa]로 발음한다. 정중한 단정을 나타내는 「です」와 함께 쓰여 「～은/는 ～입니다」라는 표현이 되며, 「か」를 붙여 의문문을 만들 수 있다.

일본어에서는 마침표로 「。」를 사용한다. 의문문에서도 「。」를 붙이는 것이 일반적으로, 특별히 의문문임을 강조할 때에만 「?」를 붙인다.

- ・私_{わたし}は大学生_{だいがくせい}です。(저는 대학생입니다)
- ・田中_{たなか}さんは2年生_{にねんせい}ですか。(다나카씨는 2학년입니까?)

2) ～は ～ではありません

「～ではありません」은 「～です」의 부정형으로 「～이/가 아닙니다」의 뜻이 된다.

- ・私は日本人_{にほんじん}ではありません。(저는 일본사람이 아닙니다)

3) ～が、～

「～が」는 앞뒤의 두 문장을 연결해주는 접속조사로, 「～(이)지만, ～」라는 뜻을 나타낸다.

- ・失礼_{しつれい}ですが、日本人ですか。(실례지만 일본사람입니까?)

4) ～は ～で、～は ～です

두 문장을 하나의 문장으로 연결시켜 「～은/는 ～이고, ～은/는 ～입니다」라고 말할 때 사용한다. 「～で」 앞에는 명사류가 온다.

・専攻は経営学で、趣味はテニスです。

(전공은 경영학이고, 취미는 테니스입니다)

5) ~の

일본어에서의 명사와 명사는 「~の」로 연결된다. 우리말의 「~의」에 해당되며 소유·소속이나 앞의 명사와 관련된 사항 등을 나타낸다.

・私の友達です。(내 친구입니다)

・日本語科の学生です。(일본어과 학생입니다)

6) ~も

그밖에도 비슷한 것(同類)이 있음을 나타낸다. 우리말의 「~도」에 해당된다.

・佐藤さんも留学生です。(사토씨도 유학생입니다)

문형연습

1 ～は ～です

① 私は金民洙です。

② 私は韓国人です。

③ 田中さんは大学生です。

2 ～は ～ですか

① 崔さんは経営学科ですか。

② 佐藤さんは日本人ですか。

③ 専攻は英語ですか。

3 ～は ～ではありません

① 私は経営学科ではありません。

② 李さんは中国人ではありません。

③ 趣味は野球ではありません。

4 ～の ～

① 崔_{チェ}さんの友達_{ともだち}です。

② 金_{キム}さんは高校_{こうこう}の同級生_{どうきゅうせい}です。

③ 朴_{パク}さんは韓国語_{かんこくご}の先生_{せんせい}です。

5 ～は ～で、～です

① 崔_{チェ}さんは韓国大学_{かんこくだいがく}の学生_{がくせい}で、日本語科_{にほんごか}の２年生_{にねんせい}です。

② ジョンソンさんはイギリス人で、銀行員_{ぎんこういん}です。

③ 友達_{ともだち}の趣味_{しゅみ}はスイミングで、家_{いえ}は水原_{スウォン}です。

새로 나온 말 ● ● ● ● ● ● ● ● ● ● ● ● ● ●

·韓国人(かんこくじん) **한국인** ·大学生(だいがくせい) **대학생** ·日本人(にほんじん) **일본인** ·英語
(えいご) **영어** ·中国人(ちゅうごくじん) **중국인** ·野球(やきゅう) **야구** ·高校(こうこう) **고교** ·同
級生(どうきゅうせい) **동급생** ·韓国語(かんこくご) **한국어** ·先生(せんせい) **선생님** ·イギリス人(じ
ん) **영국인** ·銀行員(ぎんこういん) **은행원** ·スイミング **수영** ·家(いえ) **집** ·水原(スウォン) **수원**

연 습 문 제

1. 다음 보기와 같이 문장을 바꾸시오.

> 私は崔です。
> ― 私は崔ではありません。

① 田中さんは留学生です。 ➡ _____。

② 金さんは2年生です。 ➡ _____。

③ ジョンソンさんはイギリス人です。 ➡ _____。

2. 다음 보기와 같이 질문에 답하시오.

> 金さんは大学生ですか。(大学生)
> ― はい、大学生です。
> 李さんは中国人ですか。(韓国人)
> ― いいえ、中国人ではありません。韓国人です。

① 専攻は経営学ですか。(日本語)

  ➡ _____。

② 趣味はテニスですか。(テニス)

  ➡ _____。

③ 田中さんは4年生ですか。(3年生)

  ➡ _____。

쉬 어 가 기

✳ 인사말

일상생활에서 자주 쓰는 인사말로는 다음과 같은 것이 있다.

MEMO NOTE

第 **4** 課
これは何ですか

第4課 これは何ですか

▶ 기본대화

田中：崔さん、これは何ですか。

崔：それは韓国の伝統菓子と飲み物です。

田中：これも韓国のですか。

崔：ええ、そうです。
　　どうぞ。

田中：どうも、ありがとう。いただきます。

　　あのう、どの方が崔さんのお友達の金さんですか。

崔：あの人ですよ。

　　　　　×　　　×

佐藤：すみません、お手洗いはどこですか。

崔：こちらへどうぞ。

새로 나온 말 ●

・これ **이것** ・何(なに, なん)**무엇** ・それ **그것** ・伝統菓子(でんとうがし) **전통과자** ・～と **~와/과** ・飲(の)み物(もの) **음료** ・ええ **네** ・どうぞ **(상대방에게 무엇을 권할 때 사용)어서, 자** ・どうも **정말** ・ありがとう **고마워요** ・いただきます **잘 먹겠습니다** ・あのう **저** ・どの **어느** ・方(かた)**분** ・～が **~이/가** ・お友達(ともだち) **친구분** ・あの **저** ・人(ひと) **사람** ・すみません **실례합니다** ・お手洗(てあら)い **화장실** ・どこ **어디** ・こちら **이쪽** ・～へ **~(으)로**

ここは韓国大学のキャンパスです。この建物は大学の本部で、その建物は学生会館です。図書館は学生会館の後ろです。体育館はあそこです。シャトルバスの乗り場は体育館の前です。

새로 나온 말 ●

·ここ **여기** ·キャンパス **캠퍼스** ·この **이** ·建物(たてもの) **건물** ·大学(だいがく) **대학(교)** ·本部(ほんぶ) **본부** ·その **그** ·学生会館(がくせいかいかん) **학생회관** ·図書館(としょかん) **도서관** ·後(うし)ろ **뒤** ·体育館(たいいくかん) **체육관** ·あそこ **저기** ·シャトルバス **셔틀버스** ·乗(の)り場(ば) **정거장** ·前(まえ) **앞**

1) 지시어

지시어는 사물의 이름 대신 직접 가리켜 나타내는 말로, 일본어도 우리말의 「이·
그·저·어느」와 같이 근칭·중칭·원칭·부정칭의 체계를 갖추고 있다. 화자에 가까운
것은 「こ」계열, 청자에 가까운 것(또는 화자로부터 약간 떨어져 있는 것)은 「そ」계열,
양자로부터 멀리 떨어져 있는 것은 「あ」계열, 확실히 정해져 있지 않은 것은 「ど」계열
로 나타낸다. 이러한 체계를 갖추고 있는 지시어로는 다음과 같이 사물, 장소, 방향이
나 명사를 수식해서 지정할 수 있다.

	근 칭	중 칭	원 칭	부정칭
사 물	これ (이것)	それ (그것)	あれ (저것)	どれ (어느것)
장 소	ここ (여기)	そこ (거기)	あそこ (저기)	どこ (어디)
방 향	こちら (이쪽)	そちら (그쪽)	あちら (저쪽)	どちら (어느쪽)
지 정	この(本) (이 책)	その(本) (그 책)	あの(本) (저 책)	どの(本) (어느 책)

2) ~の(もの)

「~の」는 여러 가지 용법으로 사용된다. 그 중의 하나로 「~のもの(~의 것)」의 「も
の(것)」가 생략된 것으로 해석되는 용법이다.

· これも私のです。(이것도 내 것입니다.)

3) ～の (同格)

「～の」에는 앞뒤의 명사가 동일한 것을 나타내는 소위 동격(同格)의 용법도 있다.

・お友達の金さんですか。(친구분(인) 김민수씨입니까?)

4) ～と

「～와/과」라는 뜻으로 몇 가지 사항을 열거할 때 쓴다. 열거할 사항을 모두 들어 말한다는 점에서 뒤에 나오는 「～や(～(이)랑)」와 차이가 있다.

・日本語の本と英語の本(일본어 책과 영어 책)

5) ～が

동작이나 변화, 상태의 주체를 나타낸다.

・どの人が佐藤さんですか。(어느 사람이 사토씨입니까?)

🍁 문형연습

1 (これ / それ / あれ)は 何ですか ➡ ～は ～です

① これは何^{なん}ですか。 ➡ それは韓国^{かんこく}の伝統菓子^{でんとうがし}と飲^のみ物^{もの}です。

② それは何^{なん}ですか。 ➡ これはソウルの地図^{ちず}です。

③ あれは何^{なん}ですか。 ➡ あれは日本語^{にほんご}の辞書^{じしょ}です。

2 ～は ～ですか

① お手洗^{てあら}いはどこですか。 ➡ こちらです。

② 会話^{かいわ}の先生^{せんせい}はどの方^{かた}ですか。 ➡ あの方^{かた}です。

③ 田中^{たなか}さんのかばんはどれですか。 ➡ それです。

3 (ここ / そこ / あそこ)は ～です

① ここは韓国大学^{かんこくだいがく}です。

② そこは教室^{きょうしつ}です。

③ あそこは先生^{せんせい}の研究室^{けんきゅうしつ}です。

① どの方がお友達の金さんですか。　➡　あの人です。

② どれが大学新聞ですか。　➡　これです。

③ どこが学科の事務室ですか。　➡　あそこです。

① それも韓国のですか。

② いいえ、韓国のではありません。

③ このノートパソコンは誰のですか。

① 韓国の伝統菓子と飲み物です

② あれは雑誌と日本語の教科書です。

③ こちらは友達の李さんと金さんです。

새로 나온 말 ●●●●●●●●●●●●●●●●●●●●●●●●●●●●●●●●●

・あれ **저것** ・ソウル **서울** ・地図(ちず) **지도** ・日本語(にほんご) **일본어** ・辞書(じしょ) **사전** ・会話(かいわ) ・かばん **가방** ・教室(きょうしつ) **교실** ・研究室(けんきゅうしつ) **연구실** ・どれ **어느 것** ・大学新聞(だいがくしんぶん) **대학신문** ・学科(がっか) **학과** ・事務室(じむしつ) **사무실** ・ノートパソコン **노트북컴퓨터** ・誰(だれ) **누구** ・雑誌(ざっし) **잡지** ・教科書(きょうかしょ) **교과서**

연습문제

1. 다음 보기와 같이 질문에 답하시오.

> これは何_{なん}ですか。(ノートパソコン)
> ➡ それはノートパソコンです。

① これは何ですか。(中国語_{ちゅうごくご}の辞書_{じしょ})
　➡ ＿＿＿＿＿＿は＿＿＿＿＿＿＿＿＿＿＿＿＿＿。
② それは何ですか。(日本の伝統菓子)
　➡ ＿＿＿＿＿＿は＿＿＿＿＿＿＿＿＿＿＿＿＿＿。
③ あれは何ですか。(英語の教科書_{きょうかしょ})
　➡ ＿＿＿＿＿＿は＿＿＿＿＿＿＿＿＿＿＿＿＿＿。

2. 다음 보기와 같이 질문에 답하시오.

> 教室_{きょうしつ}はこちらですか。(こちら)
> ➡ はい、こちらです。
> あそこは大学の本部_{ほんぶ}ですか。(圖書館_{としょかん})
> ➡ いいえ、大学の本部ではありません。図書館です。

① ここは先生の研究室_{けんきゅうしつ}ですか。(事務室)
　➡ ＿＿＿＿＿＿＿＿＿＿＿＿＿＿＿＿＿＿＿＿＿。
② 体育館は学生会館の後ろですか。(学生会館の後ろ)
　➡ ＿＿＿＿＿＿＿＿＿＿＿＿＿＿＿＿＿＿＿＿＿。
③ シャトルバスの乗り場はあちらですか。(こちら)
　➡ ＿＿＿＿＿＿＿＿＿＿＿＿＿＿＿＿＿＿＿＿＿。

새로 나온 말 ● ● ● ● ● ● ● ● ● ● ● ● ● ● ● ● ● ● ●

· 中国語(ちゅうごくご) **중국어**　· あちら **저쪽**

쉬 어 가 기

✻ 일본음식

우리에게도 친숙한 일본음식으로는 다음과 같은 것이 있다.

すし

うどん

そば

ラーメン

どんぶり

なっとう

MEMO NOTE

第 **5** 課
今、何時ですか

第5課 今、何時ですか

▶ 기본대화

田中：映画は何時からですか。

金：9時30分からです。

田中：何時間ぐらいの映画ですか。

金：2時間半ぐらいですよ。

　　ところで、今日は何曜日ですか。

田中：土曜日ですよ。

金：あれっ、土曜日は9時からですよ。

　　すみません。今、何時ですか。

田中：もう、9時10分ですよ。

金：ああ、残念。

새로 나온 말 ●

・映画(えいが) **영화** ・何時(なんじ) **몇 시** ・～から **～부터** ・～時(じ) **～시** ・～分(ふん) **～분** ・何時間(なんじかん) **몇 시간** ・～くらい(ぐらい **라고도 함**) **~쯤, 정도** ・～半(はん) **~반** ・ところで **그런데** ・今日(きょう) **오늘** ・何曜日(なんようび) **무슨 요일** ・土曜日(どようび) **토요일** ・あれっ **어?** ・すみません **미안합니다** ・今(いま) **지금** ・もう **이미, 벌써** ・ああ **아아** ・残念(ざんねん)だ **유감스럽다, 애석하다**

これは日本大学の時間割りです。どの講義も 90 分間で、1時限から 6時限までです。1時限は朝9時から 10 時30分までです。休み時間は 10分ずつで、昼休みは 12 時10分から1時までです。最後の授業は7時 30分までです。鈴木先生の異文化コミュニケーションは毎週木曜日の5 時限目で、3号館の 507 教室です。

	時間割り
1	9:00～10:30
2	10:40～12:10
昼休み	12:10～1:00
3	1:00～2:30
4	2:40～4:10
5	4:20～5:50
6	6:00～7:30

 새로 나온 말 ●●●●●●●●●●●●●●●●●●●●●●●●

・時間割(じかんわ)り **시간표** ・講義(こうぎ) **강의** ・～時限(じげん) **～교시** ・～まで **～까지** ・朝(あさ) **아침** ・休(やす)み時間(じかん) **쉬는 시간** ・～ずつ **～씩** ・昼休(ひるやす)み **점심시간** ・最後(さいご) **마지막** ・授業(じゅぎょう) **수업** ・異文化(いぶんか)コミュニケーション **이문화 커뮤니케이션** ・毎週(まいしゅう) **매주** ・木曜日(もくようび) **목요일** ・～目(め) **～째** ・3号館(さんごうかん) **3호관**

1) 수량 표현

수량을 나타내는 일본어의 수사(数詞)는 한수사 계열과 고유어 수사 계열의 두 종류가 있다. 1에서 10까지는 다음과 같이 구별하나, 11 이후의 숫자에서는 구별하지 않고 한수사 계열의 수사를 쓴다.

	1	2	3	4	5	6	7	8	9	10
한수사	一 いち	二 に	三 さん	四 し	五 ご	六 ろく	七 しち	八 はち	九 く/きゅう	十 じゅう
고유어 수사	一つ ひとつ	二つ ふたつ	三つ みっつ	四つ よっつ	五つ いつつ	六つ むっつ	七つ ななつ	八つ やっつ	九つ ここのつ	十 とお

「四」는「よん/よ」,「七」은「なな」와 같이 고유어 수사가 함께 사용된다.

·十一(じゅういち), 五十(ごじゅう), 百(ひゃく), 二千(にせん), 三万(さんまん)

2) 시간 표현

	1	2	3	4	5	6	7	8	9	10
~時	いちじ	にじ	さんじ	よじ	ごじ	ろくじ	しちじ	はちじ	くじ	じゅうじ
~分	いっぷん	にふん	さんぷん	よんぷん	ごふん	ろっぷん	ななふん	はっぷん	きゅうふん	じっぷん

	11	12	何	기 타
~時	じゅういちじ	じゅうにじ	なんじ	午前(오전), 午後(오후), ちょうど(정각)
~分	じゅういっぷん	じゅうにふん	なんぷん	~前(전), ~過ぎ(지남), ~半(반)

3) 요일 표현

	日	月	火	水	木	金	土	何
~ 曜日	にちようび	げつようび	かようび	すいようび	もくようび	きんようび	どようび	なんようび

4) ~から ~まで

「~から」는 기점·출발점을 나타내고, 「~まで」는 종점·귀착점을 나타낸다. 즉 기간이나 거리의 시작과 끝을 나타낸다. 「~から~まで」와 같이 함께 쓰이는 경우는 「~에서(부터) ~까지」라는 범위를 나타내는 표현이 된다.

・月曜日から金曜日まで (월요일부터 금요일까지)
・ここからあそこまで (여기에서 저기까지)

5) ~よ

문말(文末)에 쓰여 말하는 사람의 판단, 의견, 감정, 의지 등을 상대방에게 주장하거나 다짐하려는 의도를 나타낸다. 따라서 손윗사람에게는 사용하기 어렵다.

문형연습

1　(何時 / 何曜日 / 何時間)ですか

① 今、何時ですか。　➡　今、ちょうど5時です。

② 今日は何曜日ですか。　➡　今日は日曜日です。

③ 何時間ぐらいですか。　➡　2時間ぐらいです。

2　～から　～まで

① 昼休みは　12 時10分から　1 時までです。

② 試験は月曜日から金曜日までです。

③ 3号館から5号館までが工学部です。

3　～ぐらいの　～ですか

① 何時間ぐらいの映画ですか。

② 何日ぐらいの旅行ですか。

③ 何分ぐらいのスピーチですか。

새로 나온 말 ●

・ちょうど **정각**　・日曜日(にちようび) **일요일**　・試験(しけん) **시험**　・月曜日(げつようび) **월요일**
・金曜日(きんようび) **금요일**　・工学部(こうがくぶ) **공학부**　・旅行(りょこう) **여행**　・スピーチ **스피치**

연 습 문 제

1. 다음 보기와 같이 시각을 히라가나로 쓰시오.

8 : 15 (はちじじゅうごふん)

① 9 : 55 (　　　　　　　　　　　　　　)

② 4 : 00 (　　　　　　　　　　　　　　)

③ 7 : 28 (　　　　　　　　　　　　　　)

2. 시간표를 보고 (　)안에 적당한 말을 적어 넣으시오.

		月	火	水	木	金
1	9:00〜9:50	体育				
2	10:00〜10:50	日本語	経営学	コンピュータ		英語
3	11:00〜11:50	日本語			日本語	
昼休み	11:50〜13:00					
4	13:00〜13:50		英語		日本語	コンピュータ
5	14:00〜14:50			異文化コミュニケーション		

① 体育は(　　　　　) 曜日の(　　　　　)時限目です。

② 2時間目の授業は(　　　　)から(　　　　)までです。

③ 日本語の講義は(　　　　)時間です。

④ 昼休みは(　　　　)から(　　　　)です。

쉬 어 가 기

＊ 캠퍼스 일본어

일본과 한국에서 사용하는 캠퍼스관련 어휘에도 차이가 있다.

大学(대학교)	短期大学(전문대학)	専門学校(전문학원)
文系(인문계)	理系(자연계)	1年生(1학년)
助手(조교)	部活(동아리)	単位(학점)
時間割り(시간표)	文学部(인문대학)	工学部(공과대학)
商学部(경상대학)	春休み(봄방학)	夏休み(여름방학)
冬休み(겨울방학)	うちあげコンパ(종강파티)	合コン(미팅)

第 **6** 課
お誕生日はいつですか

第6課　お誕生日はいつですか

▶ 기본대화

崔　：田中さんのお誕生日はいつですか。

田中：私の誕生日は4月 1日です。

崔　：では、来月ですね。

田中：崔さんのお誕生日はいつですか。

崔　：３月２４日です。

田中：今度の水曜日ですね。

　　　おめでとうございます。

崔　：どうもありがとうございます。

田中：ところで、金さんの電話番号は何番ですか。

崔　：508 - 7642です。

새로 나온 말 · · · · · · · · · · · · · · · ·

· お誕生日(たんじょうび) **생일** · いつ **언제** · 4月(しちがつ) **4월** · 1日(ついたち) **1일, 초하루** · では **그럼** · 来月(らいげつ) **다음 달** · 3月(さんがつ) **3월** · 24日(にじゅうよっか) **24일** · 今度(こんど) **이번** · 水曜日(すいようび) **수요일** · おめでとうございます **축하합니다** · ありがとうございます **고맙습니다** · 電話番号(でんわばんごう) **전화번호** · 何番(なんばん) **몇 번**

昨日は12月25日、クリスマスでした。韓国では休みでしたが、日本では休みではありませんでした。ちょうど、クラスメートの李さんのお誕生日でした。李さんも僕も１９８４年生まれで、同い年です。今年で20歳です。

새로 나온 말

・昨日(きのう) 어제 ・クリスマス 크리스마스 ・休(やす)み 휴일 ・クラスメート 클래스메이트 ・僕(ぼく) 나 ・～生(う)まれ ～생 ・同(おな)い年(どし) 동갑 ・今年(ことし)で 올해로 ・20歳(はたち) 스무살

1) ~월, ~일 표현

1월부터 12월까지는 각각 다음과 같이 말한다.

いち がつ 1 月	に がつ 2 月	さん がつ 3 月	し がつ 4 月	ご がつ 5 月	ろく がつ 6 月
しち がつ 7 月	はち がつ 8 月	く がつ 9 月	じゅう がつ 10 月	じゅういちがつ 11 月	じゅうにがつ 12 月

1일부터 31일까지는 각각 다음과 같이 말한다. 11일 이후는 14일, 20일, 24일을 제외하고 「~ 日
にち
」로 말한다

ついたち 1日	ふつか 2日	みっか 3日	よっか 4日	いつか 5日	むいか 6日	なのか 7日	ようか 8日	ここのか 9日	とおか 10日
じゅういちにち 11日		じゅうよっか …14日		はつか …20日		にじゅうよっか …24日		さんじゅういちにち …31日	

또 몇월은 「何月
なんがつ
」, 며칠은 「何日
なんにち
」라고 한다.

현재를 중심으로 한 「이번~, 지난~, 지지난~, 다음~, 다다음~」의 뜻을 부가하는 관련 시간 표현으로는 다음과 같은 것이 있다.

	과 거		현 재	미 래	
ひ 日	おととい 一昨日 (그저께)	きのう 昨日 (어제)	きょう 今日 (오늘)	あした/あす 明日 (내일)	あさって 明後日 (모레)
しゅう 週	せんせんしゅう 先々週 (지지난 주)	せんしゅう 先週 (지난 주)	こんしゅう 今週 (이번 주)	らいしゅう 來週 (다음 주)	さらいしゅう 再來週 (다다음 주)
つき 月	せんせんげつ 先々月 (지지난 달)	せんげつ 先月 (지난 달)	こんげつ 今月 (이번 달)	らいげつ 來月 (다음 달)	さらいげつ 再來月 (다다음 달)
とし 年	おととし 一昨年 (재작년)	きょねん 去年 (작년)	ことし 今年 (올해)	らいねん 來年 (내년)	さらいねん 再來年 (내후년)

2) 조수사(助数詞)

대상에 따라 수량을 세는 단위, 즉 조수사가 달라진다. 예를 들면 우리말에서도 사람은 「~사람」, 나이는 「~살」, 건물의 층수는 「~층」이라고 세는 데, 일본어에서는 특히 이러한 조수사가 발달되어 있다. 자세한 것은 p.65참조.

· 三人(세 사람), 十五歳(15살), 二階(2층)

3) お-

「お-」는 「ご-」와 함께 다른 단어의 앞에 붙어 사용되는 접두어로, ①존경의 의미를 나타내는 경우와 ②화자의 품위를 나타내기 위해 관용적으로 붙이는 경우가 있다. 일반적으로 「お-」는 고유 일본어에 붙이고, 「ご-」는 한어에 붙이나 예외도 있다.

① お誕生日(생신), ご両親(부모님)
② お話(이야기), お金(돈)

4) ~ね

문말(文末)에 쓰여 말하는 사람이 자신이 말한 내용에 대해 상대방에게 확인 또는 동의를 구하는 것을 나타낸다.

5) ~でした, ~ではありませんでした

「~でした」는 정중한 단정을 나타내는 「~です」의 과거형으로 「~(이)었습니다」, 「~ではありませんでした」는 과거부정형으로 「~이/가 아니었습니다」라는 뜻이 된다.

	긍정	부정
현재	学生です (학생입니다)	学生ではありません (학생이 아닙니다)
과거	学生でした (학생이었습니다)	学生ではありませんでした (학생이 아니었습니다)

문형연습

1 ~は いつですか

① お誕生日はいつですか。 ➡ 9月9日です。

② 入学式はいつですか。 ➡ 4月8日です。

③ 卒業式はいつですか。 ➡ 3月20日です。

2 ~は ~でした

① 昨日はクリスマスでした。

② 2003年は平成 15 年でした。

③ 期末テストは6月 12 日まででした。

3 ~は ~ではありませんでした

① 日本では休みではありませんでした。

② ここは去年まで公園ではありませんでした。

③ その男の人は医者ではありませんでした。

새로 나온 말

・入学式(にゅうがくしき) **입학식** ・卒業式(そつぎょうしき) **졸업식** ・平成(へいせい) **현재 일본의 연호** ・期末(きまつ)テスト **기말시험** ・去年(きょねん) **작년** ・公園(こうえん) **공원** ・男(おとこ)の人 (ひと) **남자** ・医者(いしゃ) **의사**

연습문제

1. 다음 보기와 같이 달력을 보고 답하시오.

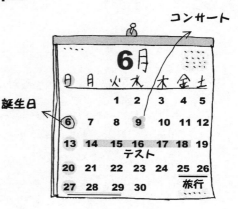

> 誕生日はいつですか。
> 　　6月6日、日曜日です。

① コンサートはいつですか。

➡ _____。

② 期末テストはいつからいつまでですか。

➡ _____。

③ 旅行は何曜日から何曜日までですか。

➡ _____。

2. 다음 보기와 같이 문장을 바꾸시오.

> その男の人は医者でした。
> 　　その男の人は<u>医者ではありませんでした</u>。

① 昨日は24日でした。

➡ 昨日は_____。

② 講義は 11 時からでした。

➡ 講義は_____。

③ 工学部は 14 号館でした。

➡ 工学部は_____。

새로 나온 말 ●

・コンサート 콘서트

쉬어가기

✱ 일본의 연중행사

1) お正月 : 현관에 門松(소나무장식)를 달고 신년을 축하한다. 신사나 절에 가서 참배하고 친지집을 방문하여 인사를 한다. おせち料理(정월요리)와 雑煮(떡국)를 먹는다.

2) 成人式(1월 제2월요일) : 만 20세가 되는 남녀를 축복하는 날로 성대하게 치른다. 선거권이 주어지고 음주나 끽연이 자유로워진다.

3) ひなまつり(3월 3일) : 여자아이의 행복을 비는 축제이다. 여자아이가 있는 집에서는 ひな人形(히나인형)를 장식하고 축복한다.

4) 端午の節句(5월 5일) : 남자아이의 건강을 비는 축제이다. 무사인형을 장식하고 물을 거슬러 올라가는 물고기를 형상화한 こいのぼり(잉어 모양의 장식)를 걸어 씩씩하게 크기를 기원한다.

5) 七夕まつり(7월 7일) : 견우와 직녀가 만난다는 중국의 전설에서 온 풍습으로, 색지에 자신의 소망을 적어 대나무가지에 매단다.

6) お中元(7월) : 12월의 お歳暮(연말선물)와 더불어 평소에 도움을 받은 이에게 감사의 의미를 담아 성의를 표시하는 풍습이 있다.

7) お盆(8월 15일) : 불단에 음식을 올리고 성묘를 하여 조상의 혼을 위로한다. 도쿄에서는 7월에 행해지며, 盆踊り(여럿이 함께 추는 전통춤)와 花火大会(불꽃놀이) 등 다양한 여름행사가 있다.

8) 除夜の鐘(12월 31일) : 한 해의 마지막날, 전국 각 사찰에서 일제히 종을 울린다. 인간의 번뇌를 없앤다는 뜻에서 108번을 울린다.

第 **7** 課
あのビルの**2**階にあります

第7課 あのビルの2階にあります

기본대화

佐藤：すみません。この辺に銀行はありますか。

男の人：ええ、ありますよ。

あそこに5階建てのビルがありますね。

佐藤：えっ、どこですか。

男の人：あそこに女の人が二人いますよね。

あのビルの2階にありますよ。

佐藤：2階ですね。

じゃ、郵便局もこの辺にありますか。

男の人：いいえ、郵便局はありません。

佐藤：ああ、そうですか。どうもありがとうございました。

새로 나온 말 ●●●

・辺(へん) 근처 ・〜に 〜에 ・銀行(ぎんこう) 은행 ・あります 있습니다 ・〜階(かい) 〜층 ・ビル 빌딩 ・女(おんな)の人(ひと) 여자 ・二人(ふたり) 두 사람 ・います 있습니다 ・じゃ 그럼(では의 축약형) ・郵便局(ゆうびんきょく) 우체국 ・ありません 없습니다

これは私の部屋の写真です。

私の部屋は1階にあります。ドアのそばには洋服ダンスがあります。窓にはブラインドがあります。ベッドの横に机があります。机の上にはコンピュータや電気スタンドや雑誌などがあります。机の下には猫のミーちゃんがいます。でも、テレビはありません。それにビデオもオーディオもありません。

새로 나온 말

· 部屋(へや) **방** · 写真(しゃしん) **사진** · そば **옆, 곁** · 洋服(ようふく)ダンス **옷장** · 窓(まど) **창문** · ブラインド **블라인드** · ベッド **침대** · 横(よこ) **옆** · 机(つくえ) **책상** · 上(うえ) **위** · 電気(でんき) スタンド **전기스탠드** · ～や ～(이)랑 · ～など ～등 · 下(した) **아래** · 猫(ねこ) **고양이** · でも **하지만** · テレビ **텔레비전** · それに **게다가** · ビデオ **비디오** · オーディオ **오디오**

1) あります/います

존재를 나타내는 동사로 우리말의 「있습니다」에 해당된다. 우리말과는 달리 존재하는 주체가 동작성을 갖는가 아닌가에 따라 「あります」와 「います」를 구별하여 사용하는데, 「あります」는 사물, 식물과 같이 동작성이 없는 주체의 존재를 나타내고, 「います」는 인간, 동물과 같이 동작성을 갖는 주체의 존재를 나타낸다.

존재하지 않는 것을 나타내는 「없습니다」의 경우도 당연히 「ありません」과 「いません」으로 구별하여 사용한다.

2) ～に

「～に」에는 여러 가지 용법이 있는데, 그 중의 하나로 존재하는 위치를 나타내는 경우가 있다. 우리말의 「～에」에 해당된다.

3) ～に ～が ～あります/います

「～에 ～이/가 있습니다」라는 존재문을 나타낸다.

· 駅の前に郵便局があります。 (역 앞에 우체국이 있습니다)

4) ～の上

机の上(책상 위), ベッドの横(침대 옆)와 같이 다른 명사와의 위치 관계를 나타내는 명사로는 다음과 같은 것이 있다.

· 上(위), 下(아래), 前(앞), 後ろ(뒤), 中(안), 外(밖), 横(옆), 側(곁, 근처)
  隣(옆, 이웃), 向こう側(건너편)

5) ～や ～など

「～や」는 뒤에 「～など」와 함께 쓰여 「～(이)랑, ～등」과 같이 여러 가지 사항을 열거하는 것을 나타낸다. 열거한 것 외에도 또 있다는 뜻을 내포하고 있는 점에서 앞에 나온 「～と(～와/과)」와 뉘앙스의 차이가 있다.

・新聞や雑誌など (신문이랑 잡지 등)

6) ～も ～も ありません

예를 들어 「ビデオ, オーディオ」와 같이 동류(同類)의 것을 들어, 그것 중 어느 것도 없다는 뜻을 나타낸다.

・ビデオもオーディオもありません。(비디오도 오디오도 없습니다)

문 형 연 습

1 ～に ～が あります

① あそこに 5 階建てのビルがあります。

② 駅の前に花屋があります。

③ テーブルの上にりんごが二つあります。

2 ～に ～が います

① あそこに女の人が二人います。

② 会場にはお客さんが300人もいます。

③ 庭には犬が1匹います。

3 ～に ～は ありません

① この辺に郵便局はありません。

② 冷蔵庫の中に牛乳はありません。

③ 玄関にスリッパはありません。

4 ～や ～などが あります

① コンピュータや雑誌などがあります。

② 動物園や美術館などがあります。

③ 銀行や交番などがあります。

5 ～も ～も ありません / いません

① ビデオもオーディオもありません。

② 指輪も時計もありません。

③ 犬も猫もいません。

새로 나온 말 ●●●●●●●●●●●●●●●●●●●●●●●●●●●●●●●●●

・駅(えき) 역 ・花屋(はなや) 꽃집 ・テーブル 테이블 ・りんご 사과 ・二つ(ふたつ) 둘 ・会場(か
いじょう) 회장 ・お客(きゃく)さん 손님 ・庭(にわ) 정원 ・犬(いぬ) 개 ・～匹(ひき) ～마리 ・冷蔵
庫(れいぞうこ) 냉장고 ・中(なか) 안 ・牛乳(ぎゅうにゅう) 우유 ・玄関(げんかん) 현관 ・スリッパ
슬리퍼 ・動物園(どうぶつえん) 동물원 ・美術館(びじゅつかん) 미술관 ・交番(こうばん) 파출소 ・指
輪(ゆびわ) 반지 ・時計(とけい) 시계

연 습 문 제

1. 다음 보기와 같이 ＿＿에 「あります」나 「います」 중에 맞는 것을 적어 넣으시오.

> 女の人が3人 <u>います</u>。

① 駅の後ろにタクシー乗り場が＿＿＿＿＿＿＿。

② 猫は庭に＿＿＿＿＿＿＿。

③ ノートパソコンはテーブルの上に＿＿＿＿＿＿＿。

2. 다음 보기와 같이 그림을 보고 문장을 만드시오.

 テレビが <u>1台</u> <u>あります</u>。

 犬が <u>3匹</u> <u>います</u>。

①  ＿＿＿＿＿＿が ＿＿＿＿＿＿ ＿＿＿＿＿＿。

②  ＿＿＿＿＿＿が ＿＿＿＿＿＿ ＿＿＿＿＿＿。

③  ＿＿＿＿＿＿が ＿＿＿＿＿＿ ＿＿＿＿＿＿。

새로 나온 말 ●

・タクシー **택시**   ・~台(だい) **~대**   ・~匹(ひき) **마리**

쉬 어 가 기

＊ 조수사

대상 조수사	사람 人(にん)	작은 동물 匹(ひき)	펜, 우산, 영화 등 本(ほん)	종이, 셔츠 枚(まい)
何　　（なに）	なんにん	なんびき	なんぼん	なんまい
1　　（いち）	ひとり	いっぴき	いっぽん	～まい
2　　（に）	ふたり	～ひき	～ほん	～まい
3　　（さん）	～にん	～びき	～ぽん	～まい
4　　（し）	よにん	よんひき	よんほん	よんまい
5　　（ご）	～にん	一ひき	～ほん	～まい
6　　（ろく）	～にん	ろっぴき	ろっぽん	～まい
7　　（しち）	～にん	ななひき	ななほん	ななまい
8　　（はち）	～にん	はっぴき	はっぽん	～まい
9　　（く）	～にん	きゅうひき	きゅうほん	きゅうまい
10　　（じゅう）	～にん	じっぴき	じっぽん	～まい
그밖의 읽는 법　4 よん/よ　7 なな　9 きゅう		7 しちひき 8 はちひき 10 じゅっぴき	7 しちほん 8 はちほん 10 じゅっぽん	7 しちまい 9 くまい

대상 조수사	건물 충수 階(かい)	계란, 사과 등 個(こ)	책, 노트 冊(さつ)	구두, 양말 足(そく)
何　　（なに）	なんがい	なんこ	なんさつ	なんぞく
1　　（いち）	いっかい	いっこ	いっさつ	いっそく
2　　（に）	～かい	～こ	～さつ	～そく
3　　（さん）	～がい	～こ	～さつ	～ぞく
4　　（し）	よんかい	よんこ	よんさつ	よんそく
5　　（ご）	～かい	～こ	～さつ	～そく
6　　（ろく）	ろっかい	ろっこ	～さつ	～そく
7　　（しち）	ななかい	ななこ	ななさつ	ななそく
8　　（はち）	はっかい	はっこ	はっさつ	はっそく
9　　（く）	きゅうかい	きゅうこ	きゅうさつ	きゅうそく
10　　（じゅう）	じっかい	じっこ	じっさつ	じっそく
그 밖의 읽는 법　4 よん/よ　7 なな　9 きゅう	7 しちかい 10 じゅっかい	7 しちこ 8 はちこ 10 じゅっこ	10 じゅっさつ	10 じゅっそく

「～」표시는 왼쪽에 제시한 대로 읽는 경우를 나타냄

MEMO NOTE

第 **8** 課
あの帽子、かわいいですね

第8課 あの帽子、かわいいですね

▶ 기본대화

崔 : 昨日(きのう)はほんとうに寒(さむ)かったですね。

佐藤(さとう) : ええ、そうでしたね。

崔 : あらっ! あの帽子(ぼうし)かわいいですね。

佐藤 : どれ、どれ?

崔 : あの黄色(きいろ)いの。

佐藤 : ええ。えっ、5万(ごまん)ウォン? ちょっと高(たか)くありませんか。

崔 : でも、今(いま)はバーゲンだからお買得(かいどく)ですよ。

佐藤 : あの青(あお)いのはどう。安(やす)くていいでしょう。

崔 : でも、ちょっとリボンが大(おお)きくて……。

　　それに「安物買(やすものか)いの銭失(ぜにうしな)い」ですよ。

새로 나온 말 ●●●●●●●●●●●●●●●●●●●●●●●●●●●●●●●

・ほんとうに **정말** ・寒(さむ)い **춥다** ・あらっ **어머** ・帽子(ぼうし) **모자** ・かわいい **귀엽다** ・黄色(きいろ)い **노랗다** ・5万(ごまん) **5만** ・〜ウォン **〜원** ・ちょっと **조금** ・高(たか)い **비싸다** ・バーゲン (**바겐)세일** ・お買得(かいどく) **사면 득이 됨** ・青(あお)い **파랗다, 푸르다** ・安(やす)い **싸다** ・いい **좋다** ・リボン **리본** ・大(おお)きい **크다** ・安物買(やすものか)いの銭失(ぜにうしな)い **싼 게 비지떡**

68 재미있는 일본어 베이직 Ⅰ

私の田舎は慶州で、今はソウルで独り暮らしだ。住まいは新しいワンルームマンションで、学校からも近いしスーパーもあまり遠くない。部屋は広くも狭くもなくてちょうどいい。それに、日当たりも風通しもいい。だから夏は涼しいし、冬は暖かい。私はもともとは寂しがり屋だったが、今ではもう全然寂しくない。

새로 나온 말 ●●●●●●●●●●●●●●●●●●●●●●●●●●●●

・田舎(いなか) 고향, 시골 ・慶州(キョンジュ) 경주 ・独(ひと)り暮(ぐ)らし 혼자 생활함 ・住(す)まい 주거지, 사는 곳 ・新(あたら)しい 새롭다 ・ワンルームマンション 원룸맨션 ・学校(がっこう) 학교 ・近(ちか)い 가깝다 ・～し ～(이)고 ・スーパー 슈퍼마켓 ・あまり (뒤에 부정어를 수반하여) 그다지, 별로 ・遠(とお)い 멀다 ・広(ひろ)い 넓다 ・狭(せま)い 좁다 ・ちょうど 딱 ・日当(ひあ)たり 별이 듦 ・風通(かぜとお)し 통풍 ・だから 때문에, 그러니까 ・夏(なつ) 여름 ・涼(すず)しい 시원하다 ・冬(ふゆ) 겨울 ・暖(あたた)かい 따뜻하다 ・もともと 원래 ・寂(さび)しがり屋(や) 외로움을 잘 타는 사람 ・全然(ぜんぜん) 전혀 ・寂(さび)しい 외롭다

1) い형용사

일본어의 형용사는 크게 い형용사와 な형용사로 나누어진다.

い형용사는 전통적으로 형용사로 불린다. い형용사는 「寒い」「高い」와 같이 어미가 「い」로 끝나며, 의미적으로는 주어의 성질이나 상태를 나타낸다. い형용사의 정중형은 기본형 「A-い(A는 い형용사의 어간을 표시)」에 「です」를 접속시킨 「A-いです」이고, 그 부정형은 「A-くありません」(또는 「A-くないです」)이다. 또 과거정중형은 「A-かったです」이고, 과거부정의 정중형은 「A-くありませんでした」(또는 「A-くなかったです」)이다.

	긍 정	부 정
현 재	寒いです **(춥습니다)**	寒くありません **(춥지 않습니다)**
과 거	寒かったです **(추웠습니다)**	寒くありませんでした **(춥지 않았습니다)**

보통체의 경우는 다음과 같다.

	긍 정	부 정
현 재	寒い **(춥다)**	寒くない **(춥지 않다)**
과 거	寒かった **(추웠다)**	寒くなかった **(춥지 않았다)**

· 서로 의미가 반대인 い형용사

暑い(덥다) ↔ 寒い(춥다)　　　　熱い(뜨겁다) ↔ 冷たい(차갑다)

新しい(새롭다) ↔ 古い(낡았다)　　明るい(밝다) ↔ 暗い(어둡다)

いい・よい(좋다) ↔ 悪_{わる}い(나쁘다)　　　多_{おお}い(많다) ↔ 少_{すく}ない(적다)

大_{おお}きい(크다) ↔ 小_{ちい}さい(작다)　　　重_{おも}い(무겁다) ↔ 軽_{かる}い(가볍다)

柔_{やわ}らかい(부드럽다) ↔ 堅_{かた}い(딱딱하다)　　高_{たか}い(높다) ↔ 低_{ひく}い(낮다)

高_{たか}い(비싸다) ↔ 安_{やす}い(싸다)　　　長_{なが}い(길다) ↔ 短_{みじか}い(짧다)

2) A-い ＋ 명사

い형용사의 경우, 명사 앞에서 수식하는 형태인 연체형은 기본형과 같다.

· 高_{たか}いビル(높은 빌딩), 黄_き色_{いろ}いシャツ(노란 셔츠)

3) A-くて

い형용사에 「～て(～고/서)」를 접속시키기 위해서는 어미 「い」를 「く」로 바꿔야한다. 의미적으로 ①열거, ②원인·이유를 나타낸다.

① このパンは柔_{やわ}らかくておいしい。(이 빵은 부드럽고 맛있다)
② このかばんは軽_{かる}くていいです。(이 가방은 가벼워서 좋아요)

4) ～でしょう

「～でしょう」는 「～です」의 추량형으로, 크게 두 가지 용법으로 나눌 수 있다. ①화자의 추측을 나타내는 용법, ②상대방에게 동의를 구하거나 확인을 구하는 용법이다. ①의 용법에서는 앞에 「たぶん(아마)」을 수반하는 경우가 많다. ①은 하강조, ②는 상승조로 발음한다.

① あしたはたぶんいい天_{てん}気_きでしょう。(내일은 아마 날씨가 좋을 겁니다)
② どうですか。いいでしょう。(어때요? 좋지요?)

5) ～から

화자가 주체적으로 행하는 주장, 추측, 의지, 의뢰 등의 이유를 나타낸다.

・今日は土曜日だから、銀行は休みですよ。
(오늘은 토요일이니까 은행은 안 해요)

6) ～だ、～だった

「だ」는 명사 술어에 붙어 「～(이)다」라는 보통체 단정의 의미를 나타낸다. 「～(이)었다」라는 과거형은 「～だった」이다.

・私は大学生だ。(나는 대학생이다)
・一年前は高校生だった。(1년 전에는 고등학생이었다)

7) ～し

이유를 나타내는데, 그밖에도 이유가 더 있다는 뉘앙스를 포함하고 있다.

・天気も良かったし、楽しかったでしょうね。(날씨도 좋았고, 즐거웠겠네요)

문 형 연 습

1 A-いです

① あの帽子、かわいいですね。

② 教室は明るいです。

③ 隣の人はうるさいです。

2 A-くありません

① ちょっと高くありませんか。

② そんなに暑くありません。

③ このビルは新しくありません。

3 A-かったです

① 昨日はほんとうに寒かったです。

② この間のコンパは楽しかったです。

③ 小学校の時は背が低かったです。

4 A-い + 명사

① 青いのはどうですか。

② 冷たいのがいいです。

③ 悪いのは僕のほうです。

5 A-くて

① 安くていいでしょう。

② このケーキは柔らかくておいしいです。

③ あの漫画は短くておもしろいです。

새로 나온 말 ●

・明(あか)るい **밝다** ・隣(となり) **옆, 이웃** ・うるさい **시끄럽다** ・そんなに **그렇게** ・暑(あつ)い **덥다** ・この間(あいだ) **요전** ・コンパ **모임, 단합대회** ・樂(たの)しい **즐겁다** ・小学校(しょうがっこう) **초등학교** ・時(とき) **때** ・背(せ)が低(ひく)い **키가 작다** ・冷(つめ)たい **차갑다** ・悪(わる)い **나쁘다, 잘못이다** ・~ほう **~쪽, 편** ・ケーキ **케이크** ・柔(やわ)らかい **부드럽다** ・おいしい **맛있다** ・漫画(まんが) **만화** ・短(みじか)い **짧다** ・おもしろい **재미있다**

연습문제

1. 다음 보기와 같이 답하시오.

> 部屋は広いですか。(狭_{せま}い)
>   いいえ、<u>広くありません</u>。<u>狭いです</u>。

① その時計は高いですか。(安_{やす}い)
  ➡ いいえ、＿＿＿＿＿＿＿＿＿＿＿＿。＿＿＿＿＿＿＿＿＿＿＿。

② このカレーはおいしいですか。(まずい)
  ➡ いいえ、＿＿＿＿＿＿＿＿＿＿＿＿。＿＿＿＿＿＿＿＿＿＿＿。

④ このビルは新しいですか。(古_{ふる}い)
  ➡ いいえ、＿＿＿＿＿＿＿＿＿＿＿＿。＿＿＿＿＿＿＿＿＿＿＿。

2. 다음 보기와 같이 문장을 만드시오.

> あの帽子、かわいい、安い
>   あの帽子<u>は</u>かわい<u>くて</u>安い<u>です</u>。

① このアイスクリーム、冷たい、おいしい
  ➡ ＿＿＿＿＿＿＿＿＿＿＿＿＿＿＿＿＿＿＿＿＿＿＿＿。

② あの部屋、暗_{くら}い、暑い
  ➡ ＿＿＿＿＿＿＿＿＿＿＿＿＿＿＿＿＿＿＿＿＿＿＿＿。

③ 私のかばん、大きい、重い
  ➡ ＿＿＿＿＿＿＿＿＿＿＿＿＿＿＿＿＿＿＿＿＿＿＿＿。

새로 나온 말 ●●●●●●●●●●●●●●●●●●●●●●●●●●

· カレー **카레** · まずい **맛없다** · 古(ふる)い **오래되다** · アイスクリーム **아이스크림** · 暗(くら)い **어둡다** · 重(おも)い **무겁다**

쉬 어 가 기

* 속담 · 관용구 (1)

속담이나 관용구 속에 나타난 동물, 물건 등이 관련된 표현을 통해서도 한일 양국간의 문화의 차이를 느낄 수 있다.

일 본 어	한 국 어
馬の耳に念佛 (말귀에 경읽기)	소귀에 경읽기
袋のねずみ (자루의 쥐)	독안에 든 쥐
猫にかつおぶし (고양이에 가다랭이포)	고양이한테 생선
雀のなみだ (참새의 눈물)	새발의 피
飼犬に手をかまれる (키우는 개에게 손을 물린다)	믿는 도끼에 발등 찍힌다
月とすっぽん (달과 자라)	하늘과 땅차이
花よりダンゴ (꽃보다 경단)	금강산도 식후경

(   )안은 한국어 직역

특히 다음과 같은 말에서 고양이에 대한 일본인들의 친근한 정서를 엿볼 수 있다.

일 본 어	한 국 어
猫の額 (고양이 이마빼기만 하다)	손바닥만하다
借りてきた猫 (빌려온 고양이)	꾸어다 놓은 보릿자루
猫の手も借りたい (고양이 손이라도 빌리고 싶다)	눈코 뜰 새 없다
猫も杓子も (고양이도 국자도)	어중이떠중이 모두

(   )안은 한국어 직역

第 **9** 課
テニスが好きです

第9課 テニスが好きです

▶ 기본대화

田中：好きなスポーツは何ですか。

金：サッカーです。

田中：他にどんなスポーツが好きですか。

金：テニスが好きです。田中さんもテニスが好きですか。

田中：はい。上手ではありませんが、私も好きです。

うちの高校はテニスで有名でした。

テニスの試合のある時は、町中がにぎやかで大変でした。

実は私、うちのチームのマネージャーだったんですよ。

金：あ、そうでしたか。それは、それは。

来週テニスの校内試合があるんですが、田中さんも一緒にどうですか。

いつでも歓迎ですよ。

田中：ほんとうですか。あまり得意ではありませんが……。

金：大丈夫、大丈夫。田中さんなら。

田中：わあ! うれしいなあ。

교내시합

새로 나온 말 ●●●●●●●●●●●●●●●●●●●●●●●●●●●●●●●●●●

・好(す)きだ **좋아하다** ・スポーツ **스포츠** ・サッカー **축구** ・他(ほか)に **그밖에** ・どんな **어떤** ・上手(じょうず)だ **잘하다** ・うち **우리** ・有名(ゆうめい)だ **유명하다** ・試合(しあい) **시합** ・町中(まちじゅう) **온 동네** ・にぎやかだ **붐비다** ・大変(たいへん)だ **대단하다** ・実(じつ)は **실은** ・チーム **팀** ・マネージャー **매니저** ・それは **그것은 와, 이거 정말** ・來週(らいしゅう) **다음주** ・校内試合(こうないじあい) **교내시합** ・一緒(いっしょ)に **같이** ・いつでも **언제든지** ・歓迎(かんげい) **환영** ・得意(とくい)だ **능숙하다** ・大丈夫(だいじょうぶ)だ **괜찮다** ・～なら **～라면** ・わあ **우와** ・うれしい **기쁘다**

▶ 발전독해

私の故郷は静かできれいなところだ。町からは少し遠いが、交通の便も悪くないほうだ。村の人々はみんなまじめで親切だ。昔から、お茶の産地で有名だ。海の近くにある松林の景色もとてもすてきだ。何よりも豊かな自然はうちの村の誇りだ。

새로 나온 말 ●●●●●●●●●●●●●●●●●●●●●●●●●●●●●●●●

・故郷(ふるさと) **고향** ・静(しず)かだ **조용하다** ・きれいだ **깨끗하다, 아름답다** ・ところ **곳** ・町(まち) **시내, 동네** ・少(すこ)し **조금** ・交通(こうつう)の便(べん) **교통편** ・村(むら) **마을** ・人々(ひとびと) **사람들** ・みんな **모두** ・まじめだ **성실하다** ・親切(しんせつ)だ **친절하다** ・昔(むかし) **옛날** ・お茶(ちゃ) **차** ・産地(さんち) **산지** ・海(うみ) **바다** ・近(ちか)く **근처** ・松林(まつばやし) **소나무 숲** ・景色(けしき) **경치** ・とても **매우** ・すてきだ **근사하다** ・何(なに)よりも **무엇보다도** ・豊(ゆた)かだ **풍부하다** ・自然(しぜん) **자연** ・誇(ほこ)り **자랑**

1) な**형용사**

な형용사(전통적으로는 형용동사로 불린다)는 「好きだ」「きれいだ」와 같이 어미가 「だ」로 끝난다. 의미적으로는 주어의 성질이나 상태를 나타낸다는 점에서 い형용사와 동일하다. な형용사라는 명칭은 명사를 수식하는 연체형이 「好きな」「きれいな」인 것에 의한다.

な형용사의 정중형은 「NA-です」(NA는 な형용사의 어간을 표시)이고, 그 부정형은 「NA-ではありません」이다. 또 과거정중형은 「NA-でした」이고, 과거부정의 정중형은 「NA-ではありませんでした」이다.

	긍 정	부 정
현 재	好きです (**좋아합니다**)	好きではありません (**좋아하지 않습니다**)
과 거	好きでした (**좋아했습니다**)	好きではありませんでした (**좋아하지 않았습니다**)

보통체의 경우는 다음과 같다.

	긍 정	부 정
현 재	好きだ (**좋아한다**)	好きではない (**좋아하지 않는다**)
과 거	好きだった (**좋아했다**)	好きではなかった (**좋아하지 않았다**)

· 서로 의미가 반대인 な형용사

好きだ(좋아하다) ↔ 嫌いだ(싫어하다)   便利だ(편리하다) ↔ 不便だ(불편하다)
派手だ(화려하다) ↔ 地味だ(수수하다)   上手だ(잘한다) ↔ 下手だ(못한다)
得意だ(능숙하다) ↔ 苦手だ(서투르다)
まじめだ(성실하다) ↔ ふまじめだ(불성실하다)

2) ~で

「~で」도 여러 가지 용법이 있는데, 그 중의 하나로 원인을 나타내는 경우가 있다.
본 과의 「テニスで有名だ(테니스로 유명하다)」도 이 용법으로 볼 수 있다.

3) NA-で

い형용사와 마찬가지로 な형용사도 어미 「だ」를 「で」로 바꾸어 「~고/서」와 같이
①열거, ②원인·이유를 나타낸다.

  ① 私の故郷は静かできれいなところだ。
    (내 고향은 조용하고 아름다운 곳이다)
  ② この公園はきれいで好きだ。(이 공원은 깨끗해서 좋아한다)

4) ~が 好きだ/嫌いだ

기호를 나타내는 好きだ(좋아하다)/嫌いだ(싫어하다)의 대상은 「が」로 받는다.
부정문, 강조의 경우에는 「が」가 「は」로 바뀐다.

  ・私は甘いものが好きだ/嫌いだ。(나는 단 것을 좋아한다/싫어한다)
  ・スポーツはあまり好きではない。(운동은 그다지 좋아하지 않는다)

5) ~の~ + 명사

명사를 수식하는 연체수식절 속의 「の」는 「が」의 대용으로 주어를 나타낸다.

  ・試合のある日は町中がにぎやかでした。
  (시합이 있는 날은 온 도시가 떠들썩했습니다)

6) ある + 명사

동사의 연체형은 기본형과 같은 형태이다.
  ・机の上にある本 (책상 위에 있는 책)

7) ～の/んです

「～のです」는 문말의 기본형 또는 <た형>에 접속되어, 어떤 기정 사실로 파악된 사항의 배경에 대해 화자가 설명을 가하거나 상대방에게 그 설명을 요구하는 경우에 쓰인다. 대화문에서는 빈번하게 사용되는데, 「～んです」로 음이 변하는 경우가 많다.

・実は私、うちのチームのマネージャーだったんですよ。
 (실은 저, 우리 팀 매니저였어요)

8) ～なら

명사에 직접 붙어, 그것을 화제로 들어 말할 때 쓴다.

・時間なら十分ありますよ。(시간이라면 충분해요)

문형연습

1 NA-です

① テニスが好きです。

② もうこれで安心です。

③ 地下鉄の駅も近くて便利です。

2 NA-ではありません

① あまり得意ではありません。

② 経済的に豊かではありません。

③ ちょっと元気ではありません。

3 NA-でした

① うちの高校はテニスで有名でした。

② 彼女のパーティードレスは派手でした。

③ それはほんとうに残念でした。

4 NA-な + 명사

① 好きなスポーツがありますか。

② 特に嫌いなものはありません。

③ 面倒なことはいやです。

새로 나온 말 ●●●●●●●●●●●●●●●●●●●●●●●●●●●●●●●●●

・安心(あんしん) **안심** ・地下鉄(ちかてつ) **지하철** ・経済的(けいざいてき)に **경제적으로** ・元気(げんき)だ **건강하다** ・彼女(かのじょ) **그녀** ・パーティー **파티** ・ドレス **드레스** ・派手(はで)だ **화려하다** ・特(とく)に **특히, 특별히** ・嫌(きら)いだ **싫어하다** ・面倒(めんどう)だ **귀찮다** ・こと **일, 것** ・いやだ **싫다**

연습문제

1. 다음 보기와 같이 문장을 만드시오.

テニス、上手だ
　　A：テニスが上手ですか。
　　B：いいえ、上手ではありません。

① お茶、好きだ
　➡ A：＿＿＿＿＿＿＿＿＿＿＿＿＿＿＿＿＿＿。
　　B：いいえ、＿＿＿＿＿＿＿＿＿＿＿＿＿＿＿。
② サッカー、嫌いだ
　➡ A：＿＿＿＿＿＿＿＿＿＿＿＿＿＿＿＿。
　　B：いいえ、＿＿＿＿＿＿＿＿＿＿＿＿＿＿＿。
③ 英語、得意だ
　➡ A：＿＿＿＿＿＿＿＿＿＿＿＿＿＿＿＿。
　　B：いいえ＿＿＿＿＿＿＿＿＿＿＿＿＿＿＿。

2. 다음 보기와 같이 문장을 만드시오.

この公園、静かだ、好きだ
　　この公園は静かで好きです。

① 彼、まじめだ、親切だ
　➡ ＿＿＿＿＿＿＿＿＿＿＿＿＿＿＿＿＿。
② あの駅、きれいだ、便利だ
　➡ ＿＿＿＿＿＿＿＿＿＿＿＿＿＿＿＿＿。
③ この帽子、派手だ、嫌いだ
　➡ ＿＿＿＿＿＿＿＿＿＿＿＿＿＿＿＿＿。

새로 나온 말 ●

・彼(かれ) 그, 그 사람

쉬어가기

✳ 외래어(1)

일본어는 다른 언어권의 어휘를 적극적으로 받아들여 일본어화하는 경향이 있다. 그 과정에서 생략 또는 축약되기도 한다.

テレビ　　　：**テレビジョ**ン(영 television) 텔레비전
コンパ　　　：**コンパニ**ー(영 company) 모임
コンビニ　　：**コンビニエンス ストア**(영 convenience store) 편의점
アニメ　　　：**アニメ**ーション(영 animation) 만화영화
ビル　　　　：**ビル**ディング(영 building) 빌딩
ゼミ　　　　：**ゼミ**ナール(독 seminar) 세미나
バイト　　　：アル**バイト**(독 arbeit) 아르바이트

デジカメ　　：**デジ**タル(영 digital) ＋ **カメ**ラ(영 camera) 디지털카메라
パソコン　　：**パソ**ナル(영 personal) ＋ **コン**ピュータ(영 computer)
　　　　　　　　　　　　　　　　　　　　　　　　　　　　개인용PC
リモコン　　：**リモ**ート(영 remote) ＋ **コン**トロール(영 control) 리모콘
マザコン　　：**マザ**ー(영mother) ＋ **コン**プレックス(영 complex)
　　　　　　　　　　　　　　　　　　　　　　　　　마더컴플렉스
フリーター：**フリー**(영 free) ＋ アル**バイター**(독 arbeiter)
　　　　　　프리터(정규직을 갖지 않는 파트타이머)

(영: 영어, 독: 독일어)

MEMO NOTE

日曜日には何をしますか

第10課　日曜日には何をしますか

▶ 기본대화

佐藤 : 金さんは日曜日には何をしますか。

金 : 僕は弟と一緒に教会に行きます。

　　　朝9時から 11 時まで、聖歌隊で歌を歌います。

佐藤 : へえ、讃美歌は難しくありませんか。

金 : それほどでもありません。

　　　佐藤さんも教会に行きますか。

佐藤 : いいえ、私は行きません。

　　　午前中は、部屋の掃除や洗濯をします。

金 : じゃ、午後は?

佐藤 : 近くのおじいさんの家へ囲碁を習いに行きます。

　　　ホントに上手ですよ、おじいさんは。

새로 나온 말 ●●●●●●●●●●●●●●●●●●●●●●●●

・~を　~을/를　・する　하다　・弟(おとうと)　남동생　・教会(きょうかい)　교회　・行(い)く　가다　・聖歌隊(せいかたい)　성가대　・歌(うた)　노래　・歌(うた)う　노래부르다　讃美歌(さんびか)　찬송가　・難(むずか)しい　어렵다　・それほど (부정어를 수반하여)　그다지, 그렇게　・午前中(ごぜんちゅう)　오전 중　・掃除(そうじ)　청소　・洗濯(せんたく)　세탁　・午後(ごご)　오후　・おじいさん　할아버지　・囲碁(いご)　바둑　・習(なら)う　배우다　・(し)に (하)러　・ホントに　정말로 (ほんとうに의 축약형)

僕の家族を紹介します。

うちの両親はとても早起きで、いつも5時ごろ起きます。でも、僕はよく朝寝坊をします。休みの日にはゆっくりコーヒーを飲みながら雑誌を読みます。午後には近くの体育館でバスケをします。僕には妹が一人います。名前はカオルで、中学生です。カオルはネットでおもしろいアニメやドラマを見ながら、一日中楽しく遊びます。二人とも勉強はしません。

たまらないなあ、この時間は。

▶ 새로 나온 말 ●

·家族(かぞく) 가족 ·紹介(しょうかい)する 소개하다 ·両親(りょうしん) 부모 ·早起(はやお)き 아침에 일찍 일어남 ·いつも 언제나 ·~ころ(ごろ라고도 함) ~경 ·起(お)きる 일어나다 ·よく 자주, 잘 ·朝寝坊(あさねぼう)をする 늦잠을 자다 ·休(やす)みの日(ひ) 휴일 ·ゆっくり 느긋하게, 천천히 ·コーヒー 커피 ·飲(の)む 마시다 ·(し)ながら (하)면서 ·読(よ)む 읽다 ·バスケ 농구(バスケットボール의 축약형) ·妹(いもうと) 여동생 ·名前(なまえ) 이름 ·中学生(ちゅうがくせい) 중학생 ·ネット 인터넷(インターネット의 축약형) ·アニメ 만화영화(アニメーション의 축약형) ·ドラマ 드라마 ·見(み)る 보다 ·一日中(いちにちじゅう) 하루종일 ·二人(ふたり)とも 둘다 ·勉強(べんきょう) 공부 ·たまらない 참을 수 없다, 너무 좋다 ·~なあ ~구나

1) 동사

일본어 동사는 어미가 모두 「ウ단」음으로 끝나며, 형태적인 특징과 활용의 차이에 따라 5단(활용)동사, 1단(활용)동사, 변격(활용)동사의 세 종류로 나누어진다.

① 5단(활용)동사

어미가 「る」이외의 음으로 끝나거나, 「る」로 끝나는 동사의 앞의 음이 ア단, ウ단, オ단인 동사이다.

・買う, 書く, 話す, 待つ, 死ぬ, 飲む, 泳ぐ, 遊ぶ, ある, 売る, 取る

② 1단(활용)동사

어미가 「る」로 끝나고, 「る」앞의 음이 イ단, エ단인 동사이다.
「る」앞의 음이 イ단음인 상1단(활용)동사, エ단음인 하1단(활용)동사의 두 종류가 있다.

・상1단(활용)동사 : いる, 起きる, 見る
・하1단(활용)동사 : 食べる, 出かける, 寝る

③ 변격(활용)동사

어간과 어미의 구별이 안 되고 활용이 불규칙한 동사이다. カ행변격(활용)동사 와 サ행변격(활용)동사의 두 종류가 있다.

・カ행변격(활용)동사 : 来る
・サ행변격(활용)동사 : する

④ 예외적인 동사

1단동사와 같은 외형을 갖고 있으면서 5단활용을 하는 예외적인 동사로는 다음과 같은 것이 있다.

・帰る, 入る, 走る, 切る, 知る

2) (し)ます, (し)ません

「(し)ます」는 동사를 정중하게 표현할 때 사용한다. 그 부정형은 「(し)ません」이다.

・書く(쓰다) : 書きます(씁니다), 書きません(쓰지 않습니다)

	기본형	~ます	~ません	접속방법
5단동사	書く	書きます	書きません	ウ단을 イ단으로 고치고 ます/ません을 붙인다
상1단동사	いる	います	いません	「る」를 빼고 ます/ません을 붙인다
하1단동사	寝る	寝ます	寝ません	
カ행변격동사	来る	来ます	来ません	
サ행변격동사	する	します	しません	

3) ～に

정해진 시간을 나타낸다.

・9時に行きます。(9시에 가겠습니다)

4) ～に

도착점을 나타낸다.

・教会に行きます。(교회에 갑니다)

5) ～で

동작이 행해지는 구체적·추상적 장소를 나타낸다.

・聖歌隊で歌を歌います。(성가대에서 노래를 부릅니다)

6) (し)に 行きます/来ます

「〜に」는 뒤에 이동동사 「行きます/来ます」 등과 같이 쓰여 「〜(하)러〜갑니다/옵니다 」와 같이 동작의 목적을 나타낸다. <ます형> 외에 買い物(쇼핑), 散步(산책) 등과 같은 동작성명사에도 접속된다.

- 囲碁を習いに行きます。(바둑을 배우러 갑니다)
- 毎週、買い物に来ます。(매주 쇼핑하러 옵니다)

7) ます형 (전성명사)

동사의 <ます형>은 전성명사로 쓰인다.

- 休む(쉬다) → 休み(휴일, 휴가), 帰る(돌아가다, 돌아오다) → 帰り(귀가)

8) (し)ながら

동작을 나타내는 전후의 동사를 연결해서 동시에 이루어지는 두 가지 동작을 나타낸다. 앞의 동작이 부차적인 동작, 뒤의 동작이 주동작이 된다는 뉘앙스가 있다.

- お茶を飲みながら話します。(차를 마시면서 이야기합니다)

문 형 연 습

1 (し)ます

① 僕は弟と一緒に教会に行きます。

② 時々、ワールドニュースを見ます。

③ 名前はボールペンで書きます。

2 (し)ません

① 勉強はしません。

② 朝は何も食べません。

③ クラシックは全然聞きません。

3 (し)に

① おじいさんの家へ囲碁を習いに行きます。

② これから友達とオーディオを買いに出かけます。

③ 高橋さんは韓国に留学をしに来ます。

4 (し)ながら

① ゆっくりコーヒーを飲みながら新聞を読みます。

② メモを取りながら見学をします。

③ 会社に勤めながら大学にも通います。

새로 나온 말 ● ● ● ● ● ● ● ● ● ● ● ● ● ● ● ● ●

・時々(ときどき) **가끔** ・ワールドニュース **월드뉴스** ・ボールペン **볼펜** ・書(か)く **쓰다** ・何(なに)も **아무 것도** ・クラシック **클래식** ・聞(き)く **듣다** ・買(か)う **사다** ・出(で)かける **외출하다** ・來(く)る **오다** ・メモを取(と)る **메모를 하다** ・見学(けんがく) **견학** ・会社(かいしゃ) **회사** ・勤(つと)める **근무하다** ・通(かよ)う **다니다**

연 습 문 제

1. 다음 보기와 같이 고치시오.

> 毎朝７時に起きる
> ➡ A：毎朝７時に起きますか。
> 　 B：いいえ、起きません。

① 図書館へ行く
　➡ A：＿＿＿＿＿＿＿＿＿＿＿＿＿＿＿＿。
　　 B：はい、＿＿＿＿＿＿＿＿＿＿＿＿＿。
② ワールドニュースを聞く
　➡ A：＿＿＿＿＿＿＿＿＿＿＿＿＿＿＿＿。
　　 B：いいえ、＿＿＿＿＿＿＿＿＿＿＿＿。
③ 友達と遊ぶ
　➡ A：＿＿＿＿＿＿＿＿＿＿＿＿＿＿＿＿。
　　 B：いいえ＿＿＿＿＿＿＿＿＿＿＿＿＿。
④ 洗濯をする
　➡ A：＿＿＿＿＿＿＿＿＿＿＿＿＿＿＿＿。
　　 B：はい、＿＿＿＿＿＿＿＿＿＿＿＿＿。

2. 다음 보기와 같이 고치시오.

> コーヒーを飲みます、新聞を読みます
> ➡ コーヒーを飲みながら、新聞を読みます。

① 歌を歌います、掃除をします
　➡ ＿＿＿＿＿＿＿＿＿＿＿＿＿＿＿＿＿。
② ケーキを食べます、ニュースを見ます
　➡ ＿＿＿＿＿＿＿＿＿＿＿＿＿＿＿＿＿。
③ クラシックを聞きます、勉強をします
　➡ ＿＿＿＿＿＿＿＿＿＿＿＿＿＿＿＿＿。

쉬어가기

✽「가족」지칭과 호칭

일본에서는 남의 가족과 자기 가족을 가리켜 말할 때 서로 다르므로 주의해야 한다. 특히 남의 가족을 지칭할 때에는 손아랫사람이라도 弟さん(남동생분), 妹さん(여동생분)과 같이 さん을 붙여 존대한다.

	남의 가족을 말할 때	남에게 자기 가족을 말할 때	자기 가족을 부를 때
할아버지	おじいさん	祖父	おじいさん
할머니	おばあさん	祖母	おばあさん
삼촌, 아저씨	おじさん	おじ	おじさん
이모, 고모, 아줌마	おばさん	おば	おばさん
아버지	お父さん	父	お父さん
어머니	お母さん	母	お母さん
형, 오빠	お兄さん	兄	お兄さん
누나, 언니	お姉さん	姉	お姉さん
남동생	弟さん	弟	**이름**(ちゃん・君)
여동생	妹さん	妹	**이름**(ちゃん)

第 **11** 課
視聴覚室にはもう行きましたか

第11課　視聴覚室にはもう行きましたか

▶ 기본대화

崔：田中さんは韓国での生活にはもう慣れましたか。

田中：ええ、おかげさまで、なんとか。

崔：ところで、7階の視聴覚室にはもう行きましたか。

田中：ええ、昨日初めて行きました。

　　　うちの大学のよりずいぶん広いんですね。

崔：ビデオもDVDもたくさんあるし、楽しかったでしょう。

田中：ええ、あんなにあるとは知りませんでした。

崔：何か見ましたか。

田中：小津安次郎監督の作品を3本も見ました。

　　　白黒でしたが、やはりアングルが抜群ですね。

崔：彼の映画は、この頃のとはひと味違いますよね。

새로 나온 말 ●●●●●●●●●●●●●●●●●●●

・生活(せいかつ) **생활**　・慣(な)れる **익숙해지다**　・おかげさまで **덕분에**　・なんとか **그럭저럭**　・視聴覚室(しちょうかくしつ) **시청각실**　・初(はじ)めて **처음**　・～より **～보다**　・ずいぶん **꽤**　・DVD(ディーヴィディー) **디비디**　・たくさん **많이**　・あんなに **그렇게**　・知(し)る **알다**　・何(なに)か **뭔가**　・小津安次郎(おずやすじろう) **오즈야스지로**　・監督(かんとく) **감독**　・作品(さくひん) **작품**　・3本(さんぼん) **세 편**　・白黒(しろくろ) **흑백**　・やはり **역시**　・アングル **앵글**　・抜群(ばつぐん)だ **뛰어나다**　・この頃(ごろ) **요즘**　・ひと味(あじ)違(ちが)う **다른 것과는 좀 다르다**

むかし、むかしアリとキリギリスがいました。アリは毎日（まいにち）せっせと働き（はたら）ました。寒い（さむ）冬（ふゆ）のために食べ物（た・もの）をたくさん集め（あつ）ました。一方（いっぽう）、音楽（おんがく）が大好（だいす）きなキリギリスは毎日（まいにち）バイオリンばかり弾き（ひ）ました。キリギリスは働き者（はたら・もの）のアリが好き（す）ではありませんでした。やがて、あんなに暑かった（あつ）夏（なつ）も終わ（お）りました。冷たい（つめ）風（かぜ）がヒューヒュー吹き（ふ）ました。キリギリスはお腹（なか）が空き（あ）ましたが、一つ（ひと）のパン²もありませんでした。

そうです、キリギリスは遊び（あそ）すぎました。後悔（こうかい）しましたが、もう後（あと）の祭（まつり）でした。

새로 나온 말

・アリ 개미 ・キリギリス 베짱이 ・毎日（まいにち）매일 ・せっせと 열심히 ・働く（はたら）く 일하다 ・〜ために 〜위해 ・食（た）べ物（もの）음식 ・集（あつ）める 모으다 ・一方（いっぽう）한 편 ・音樂（おんがく）음악 ・大好（だいす）きだ 아주 좋아하다 ・バイオリン 바이올린 ・〜ばかり 〜만, 〜뿐 ・弾（ひ）く 켜다 ・働（はたら）き者（もの）열심히 일하는 사람 ・やがて 이윽고 ・終（お）わる 끝나다 ・ヒューヒュー 씽씽 ・吹（ふ）く 불다 ・お腹（なか）が空（す）く 배가 고프다 ・パン 빵 ・後悔（こうかい）する 후회하다 ・後（あと）の祭（まつり）이미 때가 늦음

중요사항 해설

1) (し)ました, (し)ませんでした
「(し)ました」는 동사의 정중형 「(し)ます」의 과거형이고, 「(し)ませんでした」는 과거부정형이다.

	긍 정	부 정
현 재	書きます (씁니다)	書きません (쓰지 않습니다)
과 거	書きました (썼습니다)	書きませんでした (쓰지 않았습니다)

2) ～より
비교의 기준을 나타낸다.

・この部屋は僕の部屋より広い。(이 방은 내 방보다 넓다)

3) ～か
「何, だれ, どこ, いつ」 등의 의문사에 붙어 확실히 모르거나 정해지지 않은 것을 나타낸다.

・何か見ましたか。(뭔가 봤습니까?)
・だれかいますか。(누군가 있습니까?)

4) ～も
수량을 나타내는 말에 붙어, 그 수량이 많거나 정도가 심한 것을 강조하여 「～(이)나」라는 의미로 사용된다.

・映画を3本も見ました。(영화를 세 편이나 보았습니다)

5) あんなに

일본어의 지시어에 대해서는 앞에서 이미 설명했다(p.34참조). 그 중 「あ」계열은 화자나 청자로부터 멀리 떨어진 것을 가리키는 경우 외에, 본 과에서와 같이 화제에 이미 나와 청자와 공유하는 내용이나 기억 속의 사항을 가리키는 경우도 있다. 우리말로는 「그」계열로 해석되는 것에 주의해야한다.

・あんなにあるとは知りませんでした。(그렇게 많이 있는지는 몰랐습니다.)

6) ～ために

행위 또는 결과의 ①목적(「～을 위해서」), ②원인(「～때문에」)을 나타낸다. 명사에 연결될 때는 「の」의 뒤에 붙는다

① 弟のためにケーキを買いました。(남동생을 위해서 케이크를 샀습니다)
② 弟のために遅れました。(남동생 때문에 늦었습니다)

7) ～ばかり

「～만, ～뿐」이라는 한정의 의미로 사용된다.

・一日中漫画ばかり読みました。(하루종일 만화만 읽었습니다)

8) ～すぎる

동사의 <ます형>, い형용사와 な형용사의 어간에 접속되어, 그 동작과 상태가 과한 것을 나타낸다. 「너무～하다」라는 마이너스적인 의미로 쓰인다.

・遊びすぎる(너무 놀다), 高すぎる(너무 비싸다), 静かすぎる(너무 조용하다)

문형연습

1 (し)ました

① 昨日初めて行きました。

② 20分ぐらい体操をしました。

③ 先月、日本語能力試験を受けました。

2 (し)ませんでした

① あんなにあるとは知りませんでした。

② 銀行の向かい側に車を止めました。

③ 去年、金浦から仁川に引っ越しました。

3 ～でしょう

① なかなかよかったでしょう。

② 環境と平和が重要な問題でしょう。

③ あの椅子の上の上着は田中さんのでしょう。

4 ～し、～

① ビデオもＤＶＤもたくさんあるし、楽しかったでしょう。

② このマンションは駅からも近いし、最高ですね。

③ もう遅いし、これで失礼します。

새로 나온 말 ●●

・体操(たいそう) **체조** ・先月(せんげつ) **지난 달** ・日本語能力試験(にほんごのうりょくしけん) **일본어능력시험** ・受(う)ける (시험을) **보다** ・向(む)かい側(がわ) **맞은편** ・車(くるま) **차** ・止(と)める **세우다** ・金浦(キンポ) **김포** ・仁川(インチョン) **인천** ・引(ひ)っ越(こ)し **이사** ・なかなか (부정어를 수반하여) **좀처럼** ・環境(かんきょう) **환경** ・平和(へいわ) **평화** ・重要(じゅうよう)だ **중요하다** ・問題(もんだい) **문제** ・椅子(いす) **의자** ・上着(うわぎ) **상의** ・最高(さいこう) **최고** ・遅(おそ)い **늦다** ・失礼(しつれい)する **실례하다**

연습문제

---

1. 다음 보기와 같이 문장을 만드시오.

> 昨日、ビデオ、見る (視聴覚室)
> ➡ 昨日、ビデオを見ました。

① 去年、アメリカ、行く

　➡ ＿＿＿＿＿＿＿＿＿＿＿＿＿＿＿＿＿。

② 夕べ、友達、サッカーをする

　➡ ＿＿＿＿＿＿＿＿＿＿＿＿＿＿＿＿＿。

③ 先月、TOFLE、受ける

　➡ ＿＿＿＿＿＿＿＿＿＿＿＿＿＿＿＿＿。

2. 다음 보기와 같이 문장을 만드시오.

> あの帽子、かわいい、安い
> ➡ あの帽子はかわいいし、安いです。

① この部屋、暖かい、気持ちいい

　➡ ＿＿＿＿＿＿＿＿＿＿＿＿＿＿＿＿＿。

② 3番の問題、複雑だ、難しい

　➡ ＿＿＿＿＿＿＿＿＿＿＿＿＿＿＿＿＿。

③ この上着、すてきだ、軽い

　➡ ＿＿＿＿＿＿＿＿＿＿＿＿＿＿＿＿＿。

새로 나온 말

・アメリカ **미국** ・夕(ゆう)べ **엊저녁** ・TOFLE(トッフル) **토플** ・気持(きも)ちいい **기분 좋다** ・3番
(さんばん) 3번 ・複雑(ふくざつ)だ **복잡하다** ・軽(かる)い **가볍다**

쉬 어 가 기

* 세계적으로 유명한 동화의 일본어제목

세계의 어린이들을 열광시키고 있는 조엔 롤링의 「Harry Potter and the philosopher's stone (헤리포터와 마법사의 돌)」은 일본어로는 「ハリーポッターと賢者の石」(「ハリポタ」라고 부르기도 함)라 번역되었다.

- 白雪姫と七人の小人たち (백설공주와 일곱 명의 난쟁이)
- アルプスの少女ハイジ (알프스의 소녀 하이디)
- アリババと40人のとうぞく (알리바바와 40명의 도둑)
- 田舎のねずみと町のねずみ (시골 쥐와 도시 쥐)
- 赤毛のアン (빨간 머리 앤)
- 裸の王さま (벌거벗은 임금님)
- みにくいあひるの子 (미운 오리새끼)
- ジャックとまめの木 (재크와 콩나무)
- ガリバー旅行記 (걸리버 여행기)
- イソップ物語 (이솝이야기)
- オズの魔法つかい (오즈의 마법사)
- ピーターパン (피터팬)

MEMO NOTE

第 **12** 課
待ち合わせ番号を取って、
お待ち下さい

第12課 待ち合わせ番号を取って、お待ち下さい

▶ 기본대화

崔：あのう、すみません。これを日本へ送りたいんですが……。

職員：国際郵便なら、2番の窓口へどうぞ。

　　　まず、待ち合わせ番号を取って、お待ちください。

　　　　　×　　　×

崔：あのう、これをEMSでお願いします。

職員：はい、かしこまりました。

　　　この紙に宛先と中味を書いてください。

崔：ここに宛先を書いて、横に中味を書けばいいんですね。

職員：はい、そうです。

崔：今日出したら、いつごろ届くんでしょうか。

職員：東京なら、四日ぐらいかかります。

새로 나온 말 ● ● ● ● ● ● ● ● ● ● ● ● ● ● ● ●

・すみません **잠깐만요**　・送(おく)る **보내다**　・職員(しょくいん) **직원**　・国際郵便(こくさいゆうびん)
국제우편　・窓口(まどぐち) **창구**　・まず **우선**　・待(ま)ち合(あ)わせ番号(ばんごう) **대기번호표**　・取(と)
る **뽑다**　・お待(ま)ちください **기다려 주세요**　・EMS(イーエムエス) **국제특급우편**　・かしこまりまし
た **알겠습니다**　・紙(かみ) **종이**　・宛先(あてさき) **수신인의 주소**　・中味(なかみ) **내용물**　・～てくださ
い **～아/어 주세요**　・出(だ)す **보내다**　・届(とど)く **도착하다**　・～でしょうか **일까요?**　・東京(とう
きょう) **도쿄**　・かかる **걸리다**

　昨日(きのう)は久(ひさ)しぶりに友達(ともだち)に会(あ)った。ソウルデパートの正面玄関(しょうめんげんかん)で待(ま)ち合(あ)わせをした。エスカレーターで7階(ななかい)の喫茶室(きっさしつ)に上(あ)がった。しばらく楽(たの)しくおしゃべりをしてから、8階(はっかい)の食堂街(しょくどうがい)のレストランで食事(しょくじ)をした。その後(あと)、友達(ともだち)と別(わか)れて、6階(ろっかい)の本屋(ほんや)に寄(よ)って、30分(さんじっぷん)ぐらい立(た)ち読(よ)みをした。それから本(ほん)を2冊(にさつ)買(か)って、家(うち)へ帰(かえ)って来(き)た。

새로 나온 말

・久(ひさ)しぶりに **오랜만에** ・～に会(あ)う **～을/를 만나다** ・ソウルデパート **서울백화점** ・正面玄関(しょうめんげんかん) **정면현관** ・待(ま)ち合(あ)わせ **시일·장소를 정해서 만나기로 함** ・喫茶室(きっさしつ) **찻집** ・上(あ)がる **오르다, 올라가다** ・しばらく **잠시** ・エスカレーター **에스컬레이터** ・おしゃべり **잡담, 수다** ・(し)てから **하고 나서** ・食堂街(しょくどうがい) **식당가** ・レストラン **레스토랑** ・食事(しょくじ) **식사** ・後(あと) **후** ・別(わか)れる **헤어지다** ・本屋(ほんや) **서점** ・寄(よ)る **들르다** ・立(た)ち読(よ)み (책은 사지 않고) **그냥 봄** ・それから **그리고나서** ・2冊(にさつ) **두 권** ・帰(かえ)る **돌아오다, 돌아가다**

1) 동사의 음편

　　<ます형>이 뒤에 「て」「た」 등에 연결될 때 발음이 변하는 현상을 음편(音便) 현상이라 하는데 5단동사에 한해 일어나며, 다음의 세 종류가 있다. 단, <ます형>이 「～ぎ, に, び, み」인 경우의 「て」「た」는 「で」「だ」로 발음된다. (*표시한 형태는 현대어에서 사용되지 않는다)

　　① イ음편(イ音便) :　　　き, ぎ　　→　い
　　　　書く　　書きます　　(*書きて)　　書いて/ 書いた
　　　　泳ぐ　　泳ぎます　　(*泳ぎて)　　泳いで/ 泳いだ

　　② 촉음편(促音便) :　　　い, ち, り →　っ
　　　　会う　　会います　　(*会いて)　　会って/ 会った
　　　　待つ　　待ちます　　(*待ちて)　　待って/ 待った
　　　　乗る　　乗ります　　(*乗りて)　　乗って/ 乗った

　　③ 발음편(撥音便) :　　　に, び, み →　ん
　　　　死ぬ　　死にます　　(*死にて)　　死んで/ 死んだ
　　　　遊ぶ　　遊びます　　(*遊びて)　　遊んで/ 遊んだ
　　　　読む　　読みます　　(*読みて)　　読んで/ 読んだ

　　예외) 行く　行きます　　(*行きて → *行いて)　行って/ 行った

　　1단동사와 변격동사는 음편현상이 일어나지 않아 <て형>, <た형>, <ます형>이 모두 같다.

　　　　見る　　見ます　　見て/ 見た
　　　　寝る　　寝ます　　寝て/ 寝た

来る　　来ます　　来て/ 来た
する　　します　　して/ した

2) ～へ

이동성의 동작·작용이 향하는 목적지, 방향을 나타내는 조사로 우리말의 「～(으)로, ～에」에 해당된다. 발음은 [he]가 아니라 [e]로 한다.

・日本へ送りました。（일본에 보냈습니다）

3) (し)たい

화자의 행위 실현에 대한 욕구, 희망을 나타낸다.

・この会社で働きたい。(이 회사에서 일하고 싶다)

4) お～ください, (し)てください

「ください」는 「くださる(주시다)」의 명령형으로 어떤 행위를 정중하게 의뢰하는 「～어 주십시오/주세요」라는 표현이 된다. 「お～ください」쪽이 「(し)てください」보다 더 경의(敬意)가 높다. 따라서 손윗사람에게는 「(し)てください」보다는 「お～ください」를 사용하는 것이 적절하다.

・少々、お待ちください。(잠시 기다려 주십시오)
・ちょっと待ってください。(잠깐만 기다려 주세요)

5) お～する

행위의 성립과 관계가 있는 주어 이외의 인물에 대한 화자의 경의를 표하는 겸양표현이다. 화자 또는 화자 쪽 사람이 주어가 된다. 「～」에는 동사의 <ます형>이 들어간다.

・お待ちします。(기다리겠습니다)

6) (すれ)ば

「~ば」는 가정형에 접속한다. 전건(前件)이 성립하면 후건(後件)도 자연적·습관적으로 성립하는 일반조건을 나타내기도 하고, 전건에서 가정된 동작·작용이 후건 성립의 가정조건이 되는 것을 나타내기도 한다.

5단동사의 가정형은 어미 ウ단을 エ단으로 바꾸어 만든다. 1단동사는 「る」를 「れ」로 바꿔야 하고, 변격동사는 각각 「来れ」「すれ」이다.

5단동사 行く → 行けば(가면)
1단동사 見る → 見れば(보면), 食べる → 食べれば(먹으면),
변격동사 来る → 来れば(오면), する → すれば(하면)

7) (し)たら

「~たら」는 <た형>에 접속한다. 전건에서 가정된 동작·작용이 후건 성립의 가정조건이 되는 것을 나타낸다. 또 전건이 성립한 상황에서 성립하는 후건을 나타내기도 한다.

· 雨だったら止めましょう。(비가 오면 그만둡시다)
· 着いたらお電話します。(도착하면 전화하겠습니다)

8) (し)た

「た」는 동사, い형용사·な형용사, 명사술어 등에 접속되어 과거 또는 완료의 의미를 나타낸다. 동사에는 <て형>과 같은 방법으로 접속된다(앞의 1) 참조).

· 昨日、友達に会った。(어제 친구를 만났다)

9) (し)てから

앞의 동작이 완료되고 나서 뒤의 동작이 행해지는 것을 나타낸다.

· 手を洗ってから、食事をした。(손을 씻고 나서 식사를 했다)

문 형 연 습

1 (し)たい

① これを日本へ送りたいんですが。

② 使いやすい電子辞典を買いたいです。

③ 今日ははやく帰りたいです。

2 ～なら

① 国際郵便なら、2番の窓口へどうぞ。

② キャッシュコーナーなら、あそこにあります。

③ あの歌手の歌ならどんな曲でも好きです。

3 お～ください

① 待ち合わせ番号を取って、お待ちください。

② 中へお入りください。

③ どうぞ、おかけください。

4 お～する

① EMSでお願いします。

② 来週までにお送りします。

③ そのかばん、私がお持ちします。

5 (すれ)ばいい

① 横に中味を書けばいいんですね。

② 明洞行きのバスはどこで待てばいいですか。

③ 予約はどうすればいいですか。

6 (し)たら

① 今日出したら、いつごろ届くんでしょうか。

② 終わったら言ってください。

③ 着いたら、お電話ください。

새로 나온 말

・使(つか)いやすい **사용하기 편하다** ・電子辞典(でんしじてん) **전자사전** ・はやく **빨리** ・キャッ
シュコーナー **현금인출기** ・歌手(かしゅ) **가수** ・曲(きょく) **곡** ・〜でも **〜(이)라도** ・入(はい)る **들
어가다, 들어오다** ・かける **앉다** ・〜までに **〜까지** ・持(も)つ **들다** ・明洞(ミョンドン) **명동** ・〜行
(ゆ)き **〜행** ・待(ま)つ **기다리다** ・予約(よやく) **예약** ・着(つ)く **도착하다**

연습문제

1. 다음 동사의 〈て형〉과 〈た형〉을 보기와 같이 _____에 히라가나로 적으시오.

書く ➡ ___かいて___ , ___かいた___

① 買う ➡ _____ , _____
② 泳ぐ ➡ _____ , _____
③ 読む ➡ _____ , _____
④ 乗る ➡ _____ , _____
⑤ 死ぬ ➡ _____ , _____
⑥ 遊ぶ ➡ _____ , _____
⑦ 話す ➡ _____ , _____
⑧ 入る ➡ _____ , _____
⑨ 行く ➡ _____ , _____
⑩ 知る ➡ _____ , _____

2. _____에 ( ) 안의 말을 알맞은 형태로 고쳐 넣으시오.

① 何か冷たいものが _____たいです。(飲む)
② どう _____ばいいかわかりません。(話す)
③ 雨が _____たらどうするんですか。(降る)
④ もうお_____ください。(帰る)

새로 나온 말 ●●●●●●●●●●●●●●●●●●●●●●●●●●●●●●●●●●●●●

・泳(およ)ぐ **헤엄치다** ・乗(の)る **타다** ・死(し)ぬ **죽다** ・わかる **알다** ・話(はな)す **말하다** ・雨(あめ) **비** ・降(ふ)る **내리다**

쉬 어 가 기

* 외래어(2)

일본어에는 실제 원어의 의미와 다르게 쓰이는 일본제 외래어가 많다. 그런
가하면 서로 유사하여 틀리기 쉬운 예도 많으므로 주의를 요한다.

1) 일본제 외래어

ガソリン・スタンド (영 gas station) : 주유소

オートバイ (영 motorcycle) : 오토바이

クーラー (영 air conditioner) : 에어컨

2) 서로 유사하여 틀리기 쉬운 외래어

ビル(영 building) : 빌딩　　　ビール(네 beer) : 맥주

コーヒー(네 koffie) : 커피　　　コピー(영 copy) : 복사

ビザ(영 viza) : 비자　　　ピザ(이 pizza) : 피자

ベッド(영 bed) : 침대　　　ペット(영 pet) : 애완동물

ガラス(네 glas) : 유리　　　グラス(영 glass) : 유리컵

(영: 영어, 네: 네덜란드어, 이: 이탈리아어)

第 *13* 課
今、何を見ているんですか

第13課 今、何を見ているんですか

金：崔さん、「トケビツアー」って聞いたことがありますか。

崔：いいえ、いったい「トケビツアー」って何ですか。

金：1泊3日で東京へ行ってくる格安ツアーのことですよ。

　　今度、僕もこのツアーで行って来ようかと思って……。

崔：へえ、そんなのあるんですか。

　　おもしろそうだけど、疲れるんじゃないですか。

金：大丈夫、僕、若いから。

崔：ところで、今、何を見ているんですか。

金：インターネットで東京の見所を探しているところです。

　　やっぱり、築地の朝市、お台場、新宿、原宿とかですね。

崔：せっかくだから、本場のおすしを食べてみるのも良さそうですよ。

金：ええ、僕もそのつもりです。それから百円ショップにも寄ってみたいと

　　思っています。

レインボーブリッジ

JR山手線

お台場

レインボーブリッジ

새로 나온 말 ●●●●●●●●●●●●●●●●●●●●●●●●●●●

・トケビツアー **도깨비투어** ・~って **~(이)란** ・いったい **도대체** ・1泊(いっぱく) **1박** ・格安(かくやす) **저렴함, 싼 값** ・~と思(おも)う **~라고 생각하다** ・(し)そうだ **(할) 것 같다** ・~けど **(이)지만** (~けれども**의 축약형**) ・疲(つか)れる **피곤하다, 지치다** ・若(わか)い **젊다** ・インターネット **인터넷** ・見所(みどころ) **볼만한 곳** ・探(さが)す **찾다** ・ところ **(하)는 참, 중** ・やっぱり **역시** ・築地(つきじ) **쓰키지** ・朝市(あさいち) **아침시장** ・お台場(だいば) **오다이바** ・新宿(しんじゅく) **신주쿠** ・原宿 (はらじゅく) **하라주쿠** ・~とか **~라든지** ・せっかく **모처럼** ・本場(ほんば) **본고장** ・おすし **초밥** ・良(よ)さそうだ **좋을 것 같다** ・つもり **작정, 생각** ・百円(ひゃくえん)ショップ **백엔숍**

週五日制は人々のライフスタイルも変えた。自分と家族のために、時間を有効に使おうとする人が増えてきた。心と体の健康のために、趣味生活やスポーツを楽しむ人もいれば、友達や家族連れで1泊2日の旅行に出かける人もいる。また、英会話スクールに通ったり、仕事以外の資格を取るために勉強したりする人も多くなった。

새로 나온 말

·週五日制(しゅういつかせい) **주5일제** ·ライフスタイル **라이프스타일** ·変(か)える **바꾸다** ·自分(じぶん) **자신** ·有効(ゆうこう)だ **유익하다, 유효하다** ·使(つか)う **사용하다** ·増(ふ)える **늘다** ·心(こころ) **마음** ·体(からだ) **몸** ·健康(けんこう) **건강** ·趣味生活(しゅみせいかつ) **취미생활** ·樂(たの)しむ **즐기다** ·～連(づ)れ **~동반** ·英会話(えいかいわ)スクール **영어회화학원** ·仕事(しごと) **일** ·以外(いがい) **이외** ·資格(しかく)を取(と)る **자격을 따다** ·(し)たり **(하)거나** ·多(おお)くなる **많아지다**

1) (し)ている

동사의 <て형> 뒤에 「いる」가 보조동사로 쓰인 「(し)ている」는 ①동작의 진행, ②동작·작용의 결과 생긴 상태를 나타내, 각각 우리말의 「~고 있다」 「~아/어 있다」에 해당된다. 그밖에 ③반복해서 행해지는 습관, ④대상물이 처음부터 그런 상태에 있음을 나타내기도 한다.

① 母は今、料理を作っています。(어머니는 지금 요리를 만들고 있습니다)
② ばらの花がきれいに咲いています。(장미꽃이 예쁘게 피어 있습니다)
③ 毎朝、ジョギングをしています。(매일아침 조깅을 하고 있습니다)
④ 僕は父に似ています。(저는 아버지를 닮았습니다)

2) ～って

「～って」는 스스럼없는 회화 장면에서 자주 쓰이는 데, 어떤 것을 화제로 들어서 의미나 정의를 말하기도 하고 평가를 내릴 때 사용된다. 뒤에 「何ですか」를 수반하여 「~란 뭐지요?」라는 뜻을 나타낸다.

・フリーターって何ですか。(프리터란 뭐지요?)

3) (し)たことがある

과거에 「(한) 적/일이 있다」라는 경험을 나타낸다. 반대로 「(한) 적/일은 없다」와 같이 경험이 없음을 나타낼 때는 「(し)たことはない」라고 하면 된다.

・京都へ行ったことがあります/行ったことはありません。
 (교토에 간 적이 있습니다/간 적은 없습니다)

4) ～のこと

「こと」는 일, 경우, 상황 등을 나타내는 형식명사이다. 본과의 「格安ツアーのことです」는 「아주 싼 투어를 말해요」라는 정도의 뜻으로 해석 할 수 있다.

5) (し)よう(か)と思う

「(해)야지」라는 화자의 의지를 나타내는 의지형은 「(し)よう」인데, 5단동사는 어미 ウ단을 オ단으로 바꾸고 「～う」를 붙여 만든다. 그밖에 1단동사는 「る」를 빼고 「～よう」를 붙이며, 변격동사는 각각 「来よう」「しよう」이다.

```
5단동사   行く → 行こう(가야지)
1단동사   見る → 見よう(봐야지), 食べる → 食べよう(먹어야지)
변격동사   来る → 来よう(와야지), する → しよう(해야지)
```

의지형은 자주 뒤에 「～と思う(～라고 생각한다)」를 붙여 사용한다. 의지적인 행위를 나타내는 동사를 받아 주체가 예정이나 하고자 하는 의지를 갖고 있음을 나타낸다. 더욱이 「～かと思う」는 화자의 하고자 하는 의지에 망설이는 마음이 있음을 나타낸다.

・お正月に国へ帰ろうと思います。(설에는 고향에 돌아가려고 합니다)
・学校をやめようかと思います。(학교를 그만둘까 합니다)

6) ～そうだ(様態)

화자가 보거나 느끼거나 한 것으로부터 판단한 양태(様態), 즉 「…(인/일) 것 같다」라는 의미를 나타낸다. 동사의 <ます형>, い형용사와 な형용사의 어간에 접속된다. い형용사중 「いい/よい」와 「ない」는 접속법이 예외적으로 「よさそうだ」「なさそうだ」가 되는 것에 주의를 요한다.

・雪はすぐ止みそうだ。(눈은 금방 멈출 것 같다)
・外は寒そうだ。(밖은 추운 것 같다)

7) ～んじゃないですか

상승조로 발음되어「～지 않을까요?」와 같이 화자가 청자에게 자신의 추측을 확인하는 용법이 된다.

・おもしろそうだけど、疲れるんじゃないですか。
（재미있을 것 같지만, 피곤하지 않을까요?）
・佐藤さんが来るんじゃないですか。（사토씨가 오지 않을까요?）

8) （し）ているところ

「ところ」는 장소나 시간을 나타내는데, 본 과에서는「（し）ている」의 뒤에 붙어 시간적 의미로 쓰여 동작이 한창 진행중인 것을 나타낸다.

・東京の見所を探しているところです。（도쿄의 볼만한 곳을 찾고 있는 참입니다）

9) ～とか

사람이나 사물 등에 붙어, 비슷한 예를 몇 개 들 때 사용한다. 회화체에서 주로 사용하며,「～라든가」라는 뜻이 된다.

・ピザとかハンバーガーとかが好きです。（피자라든가 햄버거를 등을 좋아합니다）

10) ～つもりだ

행위자의 의지·의향을 나타내서,「～（할) 생각, 작정」이라는 뜻이 된다. 행위자는 화자나 제삼자 모두가 될 수 있다.

・卒業したら、就職するつもりだ。（졸업하면 취직할 생각이다）

11) （し）ようとする

의지적인 행위를 나타내는 동사를 받아 그 동작 행위의 실현을 위해서 시도하는 것을 나타낸다. 의지형은 5) 참조.

・時間を有効に使おうとする人が増えてきた。
(시간을 유용하게 사용하려고 하는 사람들이 늘어났다)

12) (し)てくる

<て형> 뒤에 「くる」가 보조동사로 쓰인 「(し)てくる」는 여러 가지 의미로 쓰이는데, 본과에서의 「増えてきた(늘어났다)」는 변화·동작이 과거로부터 계속되어 현재에이른 것을 나타내는 용법이다.

13) 〜も 〜ば、〜も 〜

유사한 사항을 병렬적으로 나열해서 강조하는 경우에 사용되어 「〜도 〜고, 〜도 〜」라는 의미를 나타낸다.

・彼は英語もできれば中国語もできる。
(그는 영어도 할 수 있고 중국어도 할 수 있다)

14) (し)たり (し)たり する

몇 가지 사항 또는 행위 중에서 두 세 개를 대표로 열거하는 표현이다.

・日曜日には公園を散歩したり買い物をしたりする。
(일요일에는 공원을 산책하기도 하고 쇼핑을 하기도 한다)

15) A-くなる

형용사 술어 뒤에 동사 「되다」라는 「なる」를 연결하여 상태의 변화를 표현할 수 있다. 그 때 어미 「い」를 「く」로 바꿔야 한다.

・暗くなる(어두워지다), 涼しくなる(시원해지다), 安くなる(싸지다)

문형연습

1 (し)ている

① 今、何を見ているんですか。

② 金さんは 毎朝、30分ずつ走っています。

③ 階段のところに、財布が落ちていました。

2 ～って何ですか

① いったい「トケビツアー」って何ですか。

② フリーターって何ですか。

③ デジカメって何ですか。

3 (し)たことがある

① 「トケビツアー」って聞いたことがありますか。

② ディズニーランドへ行ったことがあります。

③ なっとうを食べたことがあります。

4 (し)よう(か)と思う

① 私もこのツアーで行って来ようかと思って……。

② この冬休みには、アルバイトをしてみようと思います。

③ 今度は止めようかと思いますが。

5 ～そうだ

① おもしろそうだけど、疲れるんじゃないですか。

② 今にも、雨が降りそうです。

③ とても元気そうでした。

6 ～んじゃないですか

① 疲れるんじゃないですか。

② おもしろいんじゃないですか。

③ 難しいんじゃないですか。

7 ～つもりだ

① ええ、私もそのつもりです。

② 今年こそ、ダイエットをするつもりです。

③ お金をためて、海外旅行をするつもりです。

새로 나온 말 ●

・走(はし)る **달리다** ・階段(かいだん) **계단** ・とこる **곳** ・財布(さいふ) **지갑** ・落(お)ちる **떨어지다**
・フリーター **프리터** ・デジカメ **디지털카메라** ・ディズニーランド **디즈니랜드** ・なっとう **낫토**
・冬休(ふゆやす)み **겨울방학** ・アルバイト **아르바이트** ・～てみる **～아/어 보다** ・止(や)める **그만두**
다 ・今(いま)にも **당장이라도, 금방** ・～こそ **~말로** ・ダイエット **다이어트** ・お金(かね) **돈** ・ため
る 모으다 ・海外旅行(かいがいりょこう) **해외여행**

연습문제

1. 다음 보기와 같이 고치시오.

> 今、朝ご飯を食べる
> 　　今、朝ご飯を食べています。

① きれいな花が咲く

　➡ _____。

② 本を読む

　➡ _____。

③ 居間でテレビを見る

　➡ _____。

④ 車が止まる

　➡ _____。

2. 다음 ____에 ( ) 안의 동사를 알맞게 고쳐 넣으시오.

① 来年、アメリカへ_____と思います。(行く)

② 今夜はやく_____と思います。(寝る)

③ 会社を_____と思います。(やめる)

④ どんな仕事でも_____と思います。(する)

새로 나온 말 ●

·朝(あさ)ご飯(はん) **아침밥** ·咲(さ)く **피다** ·居間(いま) **거실** ·止(と)まる **멈추다** ·來年(らいね
ん) **내년** ·今夜(こんや) **오늘 밤** ·寝(ね)る **자다**

쉬어가기

* 한국어에 남아 있는 일본제 외래어

일제 강점기에 우리말에 침투된 일본어는 해방후 국어순화운동을 거쳐 많이 사라졌지만, 아직도 식생활 및 특정직업관련 용어로 많이 남아 있다.

	일본어	한국어에 남아있는 일본어
이쑤시개	ようじ	요지
나무젓가락	わりばし	와리바시
기본안주	つきだし	쓰키다시
국물을 우려내는 재료	だし	다시
생선이 들어간 냄비요리	ちり	(대구)지리
각자 나누어 냄	わりかん	와리깡
가득	いっぱい	잇빠이
분배	ぶんぱい	분빠이
근성	こんじょう	곤죠
가득채움	まんたん	만땅
(계급·지위의) 아래	した	시다
닭고기	とり	(닭)도리(탕)

第 *14* 課
いっしょに行ってくれませんか

第14課 いっしょに行ってくれませんか

▶ 기본대화

田中：金さん、これから電子辞典を買いに行くんですが、いっしょに行って
くれませんか。

金：いいですよ。もう授業は終わりましたから。

ところで、どこへ行きましょうか。

田中：竜山の電子ランドへ行ってみませんか。

一度行ってみたかったんです。

金：じゃ、そうしましょう。

田中：悪いけど、ちょっと、ここで待っててもらえませんか。

銀行に寄ってから行きましょう。持ち合わせがないので……。

金：あ、あそこにキャッシュコーナーがありますよ。

田中：じゃ、お金をおろして来ます。

金：はい、わかりました。

🔵 새로 나온 말 ●●●●●●●●●●●●●●●●●●●●●●●●●●●●●

・～てくれる (남이 나에게) ～아/어 주다 ・龍山(ヨンサン) 용산 ・電子(でんし)ランド 전자랜드 ・一
度(いちど) 한 번 ・～てもらう ～아/어 받다 ・持(も)ち合(あ)わせ 가진 돈 ・～ので ～아/어서, (이)
니까 ・おろす 인출하다, (돈을) 찾다

　この冬休み、日本で2週間ぐらいホームステイをしてきた。ホームステイ先は山田さんという方のお宅だった。家族全員とても明るくて親切だった。泊まっている間は、ホストファミリーにスキーに連れて行ってもらったり、日本料理の作り方を教えてもらったりして、とても楽しく過ごした。ちょうど年末年始だったので、日本のお正月の過ごし方も体験することができた。学生時代のいい思い出になりそうだ。

あけまして
おめでとうございます。

새로 나온 말 ● ● ● ● ● ● ● ● ● ● ● ● ● ●

・ホームステイ先(さき) 홈스테이를 한 곳　・～という ～라는　・お宅(たく) 댁　・全員(ぜんいん) 전원
・泊(と)まる 묵다　・～間(あいだ) ～동안　・ホストファミリー 호스트패밀리　・スキー 스키　・連(つ)れて行(い)く 데리고 가다　・日本料理(にほんりょうり) 일본요리　・作(つく)り方(かた) 만드는 법　・教(おし)える 가르치다　・過(す)ごす 지내다　・年末年始(ねんまつねんし) 연말연시　・お正月(しょうがつ) 설　・体験(たいけん)する 체험하다　・できる 할 수 있다　・学生時代(がくせいじだい) 학창시절
・思(おも)い出(で) 추억　・～になる ～이/가 되다

1) (し)ませんか

상대방에게 정중하게 권유할 때 쓰는 「~지 않겠습니까?」라는 표현이다.

・いっしょに映画を見に行きませんか。(함께 영화 보러 가지 않겠습니까?)

2) (し)ましょう(か)

「~ましょう」는 화자가 어떤 동작을 상대방과 함께 하는 것을 전제로 하여 권유하는 표현이다. 또 「か」를 첨가한 「(し)ましょうか」는 상대방의 의향을 묻는 형태를 취해, 보다 정중한 권유표현이 된다.

・ちょっと休みましょう。(잠깐 쉽시다)
・ちょっと休みましょうか。(잠깐 쉴까요?)

3) 수수동사(授受動詞)

수수동사는 사물을 주고받는 것을 나타내는 동사이다. 일본어가 우리말과 다른 점은 「주다」를 두 가지 경우로 나누어 사용하는 점이다. 즉 내가(또는 내 쪽 사람이) 다른 사람에게 줄 때는 「あげる」를, 남이 나에게(또는 내 쪽 사람에게) 줄 때는 「くれる」를 사용한다. 「받다」는 누가 누구에게 받는가와 상관없이 받는 사람을 주어로 해서 모두 「もらう」를 사용한다.

・私は田中さんにビデオテープをあげた。
　(나는 다나카씨에게 비디오테잎을 주었다)
・田中さんも私に日本の絵葉書をくれた。
　(다나카씨도 나에게 일본 엽서를 주었다)
・私は田中さんに日本の絵葉書をもらった。
　(나는 다나카씨에게 일본 엽서를 받았다)

또한 「(し)てあげる」 「(し)てくれる」 「(し)てもらう」와 같이, 수수동사가 <て형>
뒤에서 보조동사로 쓰여, 「~아/어 주다」 「~아/어 받다」와 같이 행위에 의해 발생되는
은혜의 수수 관계를 나타내는 표현으로 사용된다. 여기서 주의할 것은 「(し)てもらう」
이다. 남이 어떤 행위를 해 줌으로서 내가 그 혜택을 받는 것을 나타내는데 우리말에
직접적으로 대응하는 말이 없어 「~아/어 주다」로 바꿔 해석해야 자연스러워 진다.

· 私は田中さんにビデオテープを貸してあげた。
  (나는 다나카씨에게 비디오테잎을 빌려 주었다)
· 田中さんも私に日本の絵葉書を送ってくれた。
  (다나카씨도 나에게 일본 엽서를 보내 주었다)
· 私は友達に30分ぐらい待ってもらった。
  (친구가 나를 30분쯤 기다려 주었다)

4) (し)てみる

「みる」가 보조동사로 쓰여, 한번 시도해 본다는 뜻을 나타낸다.

· 行ってみる(가 보다), 食べてみる(먹어 보다), してみる(해 보다)

5) ~ので

두 문장을 연결하여 앞의 문장이 뒤의 문장의 원인·이유가 되는 것을 나타낸다. 본
과에서의 「持ち合わせがないので……。」는 바로 앞 문장의 「銀行に寄ってから行き
ましょう。」와 도치되어 있는 것으로 생각 할 수 있다. 연체형에 접속되어 な 형용사
는 「NA-なので」가 된다.

· 風邪を引いたので、学校を休みました。(감기 걸려서 학교를 쉬었습니다)
· 交通が不便なので心配です。(교통이 불편해서 걱정입니다)

6) -方

「-方」를 동사의 <ます형>에 붙여 접미적으로 쓰면 「방식, 방법」을 나타낸다.

· 日本料理の作り方(일본요리 만드는 법), お正月の過ごし方(설날을 지내는 방식)

7) (する)ことができる

　「する」의 가능동사 「できる」를 사용하여 「〜(할) 수 있다」라는 능력의 유무 또는 가능성을 나타내는 표현으로 쓰인다.

　　・<ruby>私<rt>わたし</rt></ruby>は<ruby>日本料理<rt>にほんりょうり</rt></ruby>を<ruby>作<rt>つく</rt></ruby>ることができます。

　　　(저는 일본요리를 만들 수 있습니다)

　　・この<ruby>携帯<rt>けいたい</rt></ruby>では<ruby>写真<rt>しゃしん</rt></ruby>も<ruby>撮<rt>と</rt></ruby>ることができます。

　　　(이 휴대폰으로는 사진도 찍을 수 있습니다)

8) 명사 + に なる

　명사에 연결하여 상태의 변화를 나타내려면 「〜になる」를 붙인다.

　　・<ruby>大学生<rt>だいがくせい</rt></ruby>になりました。(대학생이 되었습니다)

문형연습

1 (し)ませんか

① 竜山の電子ランドへ行ってみませんか。

② 今晩、映画を見に行きませんか。

③ マラソン大会に参加しませんか。

2 (し)てくれる ／ (し)てもらう

① いっしょに行ってくれませんか。

② 私にも教えてくれませんか。

③ ここで待っててもらえませんか。

④ 住所を書いてもらえませんか。

3 (し)ましょう

① 銀行に寄ってから行きましょう。

② この辺で、一休みしましょう。

③ みんなで頑張りましょう。

4 (し)てみる

① 僕も一度行ってみたかったんです。

② 自分でやってみるのが一番いいです。

③ 食べてみたが、全然おいしくなかった。

5 (する)ので

① 持ち合わせがないので……。

② 今日は、ちょっと都合が悪いので……。

③ 急用ができましたので、お先に失礼します。

새로 나온 말 ● ● ● ● ● ● ● ● ● ● ● ● ● ● ● ●

・今晩(こんばん) **오늘밤** ・マラソン大会(たいかい) **마라톤대회** ・参加(さんか) **참가** ・住所(じゅうしょ) **주소** ・一休(ひとやす)み **잠깐 쉼** ・頑張(がんば)る **노력하다** ・一番(いちばん) **제일** ・都合(つごう) **사정** ・急用(きゅうよう) **급한 일** ・お先(さき)に **먼저**

138　재미있는 일본어 베이직 Ⅰ

연습문제

1. 다음 보기와 같이 「お」나 「ご」 중에서 하나를 골라 경어형을 만드시오

(お)正月

① (　　　)名前　② (　　　)住所　③ (　　　)花
④ (　　　)意見　⑤ (　　　)すし　⑥ (　　　)金

2. 다음 단어의 가타카나 표기로 맞는 것을 고르시오.

① 스포츠(　　　　　) : a.スポツ　　　b.スーポツ　　c.スポーツ
② 유럽　(　　　　　) : a.ヨーロッパ　b.ヨーロプ　　c.ユーロプ
③ 파티　(　　　　　) : a.パティ　　　b.パーティ　　c.パーティー

3. (　) 안에 들어가는 말로 맞는 것을 고르시오.

① 私は友達にCDを一枚 (　　　　　　　)。
　　a. あげました　　b. くれました

② 父は私に電子辞典を (　　　　　　　)。
　　a. あげました　　b. くれました

③ 母は田中さんにキムチを (　　　　　　)。
　　a. あげました　　b. くれました

새로 나온 말 ●●●●●●●●●●●●●●●●●●●●●●●●●●●

・意見(いけん) **의견** ・CD(シーディー) CD ・~枚(まい) **~장** ・あげる **(내가 남에게)주다** ・母(はは)
어머니 ・キムチ **김치**

쉬 어 가 기

✳ 관용구 (2)

관용적인 표현에 있어 일본어와 우리말은 유사한 것도 있지만, 미묘하게 다르거나 전혀 발상이 다른 경우도 있다.

- 首を長くして待つ   목이 빠지게 기다리다
- 足を洗う   (범죄 등에서) 손을 씻다
- 顔が広い   발이 넓다
- 目がない   (너무 좋아서) 사족을 못쓴다
- 喉から手が出る   매우 갖고 싶다
- 油を売る   게으름 피우다
- 馬が合う   마음이 맞는다

본문 및 문형연습 해석

본문 및 문형연습 해석

제3과 처음 뵙겠습니다

기 본 대 화

다나카 : 안녕하세요?
    최 : 안녕하세요?
다나카 : 처음 뵙겠습니다. 저는 다나카 요시오입니다.
    최 : 처음 뵙겠습니다. 최성미입니다.
다나카 : 아무쪼록 잘 부탁합니다.
    최 : 저야말로 잘 부탁합니다.
다나카 : 실례지만, 최성미씨는 경영학과입니까?
    최 : 아니오, 저는 경영학과가 아닙니다. 일본어과입니다.
        다나카씨는 경영학과입니까?
다나카 : 네, 그렇습니다.

발 전 독 해

최성미씨는 한국대학 학생으로 일본어과 2학년입니다. 취미는 스노보드입니다.
김민수씨는 최성미씨의 친구입니다. 체육학과 학생으로 2학년입니다.
다나카 요시오씨는 일본 유학생입니다. 전공은 경영학이고 취미는 테니스입니다.
사토 아야씨도 일본 유학생으로 컴퓨터과 3학년입니다. 사토씨의 취미도 테니스입니다.

문 형 연 습

1
① 저는 김민수입니다.
② 저는 한국인입니다.
③ 다나카씨는 대학생입니다.

2
① 최성미씨는 경영학과입니까?
② 사토씨는 일본인입니까?
③ 전공은 영어입니까?

3
① 저는 경영학과가 아닙니다.
② 이진씨는 중국인이 아닙니다.
③ 취미는 야구가 아닙니다.

4
① 최성미씨의 친구입니다.
② 김민수씨는 고등학교 동창생입니다.

③ 박미나씨는 한국어 선생님입니다.

5
① 최성미씨는 한국대학 학생으로 일본어과 2학년입니다.
② 존슨씨는 영국인으로 은행원입니다.
③ 친구의 취미는 수영이고 집은 수원입니다.

제4과 이것은 무엇입니까?

기본대화

다나카 : 최성미씨, 이것은 무엇입니까?
　　최 : 그것은 한국 전통과자와 음료입니다.
다나카 : 이것도 한국 것입니까?
　　최 : 네, 그렇습니다.
　　　　 드세요
다나카 : 정말 고마워요. 잘 먹겠습니다.
　　　　 저, 어느 분이 최성미씨의 친구분인 김민수씨입니까?
　　최 : 저 사람입니다.
　　　　　 ×　　　 ×
　사토 : 실례합니다. 화장실은 어디입니까?
　　최 : 이쪽으로 가세요

발전독해

　여기는 한국대학 캠퍼스입니다. 이 건물은 대학본부이고, 그 건물은 학생회관입니다. 도서관은 학생회관 뒤입니다. 체육관은 저기입니다. 셔틀버스 정거장은 체육관 앞입니다.

문형연습

1
① 이것은 무엇입니까? ➡ 그것은 한국의 전통과자와 음료입니다.
② 그것은 무엇입니까? ➡ 이것은 서울지도입니다.
③ 저것은 무엇입니까? ➡ 저것은 일본어 사전입니다.

2
① 화장실은 어디입니까? ➡ 이쪽입니다.
② 회화 선생님은 어느 분입니까? ➡ 저 분입니다.
③ 다나카씨의 가방은 어느 것입니까? ➡ 그것입니다.

3
① 여기는 한국대학입니다.
② 거기(저기)는 교실입니다.
③ 저기는 선생님의 연구실입니다.

4
① 어느 분이 친구인 김민수씨입니까? ➡ 저 사람입니다.
② 어느 것이 대학신문입니까? ➡ 이것입니다.
③ 어디가 학과 사무실입니까? ➡ 저기입니다.

5
① 그것도 한국 것입니까?
② 아니오, 한국 것이 아닙니다.
③ 이 노트북컴퓨터는 누구의 것입니까?

6
① 한국의 전통과자와 음료입니다.
② 저것은 잡지와 일본어 교과서입니다.
③ 이쪽은 친구인 이진씨와 김민수씨입니다.

제5과 지금 몇시입니까?

기 본 대 화

다나카 : 영화는 몇 시부터입니까?
　　김 : 9시 30분부터입니다.
다나카 : 몇 시간정도의 영화입니까?
　　김 : 2시간 반 정도입니다.
　　　　 그런데, 오늘은 무슨 요일입니까?
다나카 : 토요일입니다.
　　김 : 어? 토요일은 9시부터에요.
　　　　 미안합니다. 지금 몇 시입니까?
다나카 : 벌써 9시 10분이에요.
　　김 : 아아, 아깝네.

발 전 독 해

　이것은 일본대학의 시간표입니다. 어느 강의도 90분간으로, 1교시부터 6교시까지입니다. 1교시는 아침 9시부터 10시 30분까지입니다. 쉬는 시간은 10분씩이며 점심시간은 12시 10분부터 1시까지입니다. 마지막 수업은 7시 30분까지입니다. 스즈키 선생님의 이문화 커뮤니케이션은 매주 목요일 5교시째로 3호관 507호실입니다.

1

① 지금 몇 시입니까? ➡ 지금 정각 5시입니다.
② 오늘은 무슨 요일입니까? ➡ 오늘은 일요일입니다.
③ 몇 시간 정도입니까? ➡ 2시간 정도입니다.

2

① 점심시간은 12시 10분부터 1시까지입니다.
② 시험은 월요일부터 금요일까지입니다.
③ 3호관에서 5호관까지가 공학부입니다.

3

① 몇 시간 정도의 영화입니까?
② 며칠 정도의 여행입니까?
③ 몇 분 정도의 스피치입니까?

제 6 과 생일은 언제입니까?

기 본 대 화

최 : 다나카씨의 생일은 언제입니까?
다나카 : 내 생일은 4월 1일입니다.
최 : 그럼, 다음달이네요.
다나카 : 최성미씨의 생일은 언제입니까?
최 : 3월 24일입니다.
다나카 : 이번 주 수요일이군요.
축하합니다.
최 : 정말 고마워요.
다나카 : 그런데 김민수씨 전화번호는 몇 번입니까?
최 : 508-7642입니다.

발 전 독 해

어제는 12월 25일 크리스마스였습니다. 한국은 휴일이었지만, 일본은 휴일이 아니었습니다. 마침 클래스 메이트인 이진씨의 생일이었습니다. 이진씨도 나도 1984년생으로 동갑입니다. 올해로 20살입니다.

1
① 생일은 언제입니까? ➡ 9월 9일입니다.
② 입학식은 언제입니까? ➡ 4월8일입니다.
③ 졸업식은 언제입니까? ➡ 3월20일입니다.

2
① 어제는 크리스마스였습니다.
② 2003년은 평성 15년이었습니다.
③ 기말시험은 6월 12일까지였습니다.

3
① 일본은 휴일이 아니었습니다.
② 여기는 작년까지 공원이 아니었습니다.
③ 그 남자는 의사가 아니었습니다.

제 7 과 그 빌딩 2층에 있어요

기 본 대 화

사토 : 실례합니다. 이 근처에 은행이 있습니까?
남자 : 네, 있어요.
　　　저기에 5층 건물이 있지요?
사토 : 어, 어디말이죠?
남자 : 저기에 여자가 두 명 있지요?
　　　그 빌딩 2층에 있어요.
사토 : 2층이요?
　　　그럼 우체국도 이 근처에 있습니까?
남자 : 아니오, 우체국은 없습니다.
사토 : 아, 그래요. 정말 고맙습니다.

발 전 독 해

　이것은 내 방 사진입니다.
　내방은 1층에 있습니다. 문 옆에는 옷장이 있습니다. 창문에는 블라인드가 있습니다. 침대 옆에 책상이 있습니다. 책상 위에는 컴퓨터랑 전기스탠드랑 잡지 등이 있습니다. 책상 밑에는 고양이 미이가 있습니다. 하지만 텔레비전은 없습니다. 게다가 비디오도 오디오도 없습니다.

문 형 연 습

1
① 저기에 5층 건물이 있습니다.
② 역 앞에 꽃집이 있습니다.
③ 테이블 위에 사과가 두 개 있습니다.

2
① 저기에 여자가 두 명 있습니다.
② 회장에는 손님이 300명이나 있습니다.
③ 정원에는 개가 한 마리 있습니다.

3
① 이 근처에 우체국은 없습니다.
② 냉장고 안에 우유는 없습니다.
③ 현관에 슬리퍼는 없습니다.

4
① 컴퓨터랑 잡지 등이 있습니다.
② 동물원이랑 미술관 등이 있습니다.
③ 은행이랑 파출소 등이 있습니다.

5
① 비디오도 오디오도 없습니다.
② 반지도 시계도 없습니다.
③ 개도 고양이도 없습니다.

제8과 저 모자 귀엽네요

기 본 대 화

 최 : 어제는 정말 추웠지요?
사토 : 네, 그랬지요.
 최 : 어머! 저 모자 귀엽네요.
사토 : 어디, 어디.
 최 : 저 노란 것.
사토 : 네. 우와, 5만원? 좀 비싸지 않아요?
 최 : 하지만 지금은 세일이니까 사두면 이득이에요.
사토 : 저 파란 것은 어때요? 싸고 좋지요?
 최 : 하지만 리본이 좀 커서…….
     게다가 「싼 게 비지떡」이에요.

내 고향은 경주이고 지금은 서울에서 혼자 지낸다. 사는 집은 새 원룸맨션으로, 학교에서도 가깝고 슈퍼마켓도 그다지 멀지 않다. 방은 넓지도 좁지도 않고 딱 좋다. 게다가 햇볕도 잘 들고 통풍도 좋다. 때문에 여름은 시원하고 겨울은 따뜻하다. 나는 본래는 외로움을 타는 편이었지만, 이제는 전혀 외롭지 않다.

문 형 연 습

1
① 저 모자 귀엽네요.
② 교실은 밝습니다.
③ 옆집 사람은 시끄럽습니다.

2
① 좀 비싸지 않아요?
② 그렇게 덥지 않습니다.
③ 이 빌딩은 새것(새로 지은 것)이 아닙니다.

3
① 어제는 정말 추웠습니다.
② 요전의 모임은 즐거웠습니다.
③ 초등학교 때는 키가 작았습니다.

4
① 파란 것은 어떻습니까?
② 찬 것이 좋습니다.
③ 잘못한 것은 제 쪽입니다.

5
① 싸고 좋지요?
② 이 케이크는 부드럽고 맛있습니다.
③ 그(저) 만화는 짧고 재밌습니다.

제9과 테니스를 좋아합니다 ──────

기 본 대 화

다나카 : 좋아하는 스포츠는 무엇입니까?
　　김 : 축구입니다.
다나카 : 그밖에 어떤 스포츠를 좋아합니까?
　　김 : 테니스를 좋아합니다. 다나카씨도 테니스를 좋아합니까?
다나카 : 네, 잘 하지는 못하지만 저도 좋아합니다.

우리 고등학교는 테니스로 유명했습니다.
테니스 시합이 있을 때는 온 동네가 떠들썩하고 대단했습니다.
실은 저, 우리 팀의 매니저였어요.
김 : 아, 그랬어요? 와 (대단하군요)
다음 주 테니스 교내시합이 있습니다만, 다나카씨도 함께 하면 어떻습니까? 언제라도 환영입니다.
다나카 : 정말입니까? 별로 잘 하지는 못하는데…….
김 : 괜찮아요, 괜찮아. 다나카씨라면.
다나카 : 와! 신난다.

발전독해

내 고향은 조용하고 아름다운 곳이다. 시내에서는 조금 멀지만, 교통편은 나쁘지 않은 편이다. 마을사람들은 모두 성실하고 친절하다. 옛날부터 차(茶)의 산지로 유명하다. 바다 가까이에 있는 소나무 숲의 경치도 아주 멋지다. 무엇보다도 풍부한 자연은 우리 마을의 자랑이다.

문형연습

1
① 테니스를 좋아합니다.
② 이제 이걸로 안심입니다.
③ 지하철역도 가까워서 편리합니다.

2
① 별로 잘 하지 못합니다.
② 경제적으로 풍부하지 못합니다.
③ 좀 건강하지 못합니다.

3
① 우리 고등학교는 테니스로 유명했습니다.
② 그녀의 파티 드레스는 화려했습니다.
③ 그것은 정말 유감스러웠습니다.

4
① 좋아하는 스포츠가 있습니까?
② 특별히 싫어하는 것은 없습니다.
③ 귀찮은 것은 싫습니다.

제10과 일요일에는 무엇을 합니까?

기본대화

사토 : 김민수씨는 일요일에는 무엇을 합니까?
김 : 저는 남동생과 함께 교회에 갑니다.
　　　아침 9시부터 11시까지 성가대에서 노래를 부릅니다.
사토 : 그래요? 찬송가는 어렵지 않습니까?
김 : 그렇지도 않습니다.
　　　사토씨도 교회에 갑니까?
사토 : 아니오, 저는 안 갑니다.
　　　오전 중에는 방 청소와 빨래를 합니다.
김 : 그럼, 오후에는?
사토 : 근처에 사는 할아버지 집에 바둑을 배우러 갑니다.
　　　정말로 잘 둬요, 할아버지는.

발전독해

　우리 가족을 소개하겠습니다.
　우리 부모님은 아주 일찍 일어나서 언제나 5시경에 일어납니다. 하지만 저는 곧잘 늦잠을 잡니다. 휴일에는 느긋하게 커피를 마시면서 잡지를 봅니다. 오후에는 근처 체육관에서 농구를 합니다. 제게는 여동생이 한 명 있습니다. 이름은 가오루이고 중학생입니다. 가오루는 인터넷으로 재미있는 애니메이션과 드라마를 보면서 하루종일 즐겁게 놉니다. 둘 다 공부는 하지 않습니다. 너무 좋아, 그(이) 시간은.

문형연습

1
　① 저는 동생과 함께 교회에 갑니다.
　② 가끔 월드뉴스를 봅니다.
　③ 이름은 볼펜으로 씁니다.

2
　① 공부는 하지 않습니다.
　② 아침에는 아무것도 먹지 않습니다.
　③ 클래식은 전혀 듣지 않습니다.

3
　① 할아버지 집에 바둑을 배우러 갑니다.
　② 이제부터 친구와 오디오를 사러 나갑니다.
　③ 다카하시씨는 한국에 유학을 하러 옵니다.

4
　① 느긋하게 커피를 마시면서 신문을 봅니다.

② 메모를 하면서 견학을 합니다.
③ 회사에 근무하면서 대학에도 다닙니다.

제11과 시청각실에는 이미 갔었습니까?

기본대화

　최 : 다나카씨는 한국에서의 생활에는 이제 익숙해졌습니까?
다나카 : 네, 덕분에 그럭저럭.
　최 : 그런데, 7층 시청각실에는 이미 갔었습니까?
다나카 : 네, 어제 처음 갔습니다.
　　　　우리 대학 시청각실보다 꽤 넓더군요.
　최 : 비디오와 DVD도 많이 있고 즐거웠지요?
다나카 : 네, 그렇게 많이 있는지는 몰랐습니다.
　최 : 뭐 봤습니까?
다나카 : 오즈야스지로 감독 작품을 세 편이나 봤습니다.
　　　　흑백이었지만, 역시 앵글이 뛰어났습니다.
　최 : 그의 영화는 요즘의 것과는 좀 다르지요.

발전독해

　옛날 옛날에 개미와 베짱이가 있었습니다. 개미는 매일 열심히 일했습니다. 추운 겨울을 대비해 먹을 것을 많이 모았습니다. 한편 음악을 무척 좋아하는 베짱이는 매일 바이올린만 켰습니다. 베짱이는 일하기 좋아하는 개미를 좋아하지 않았습니다. 이윽고 그토록 더웠던 여름도 끝났습니다. 찬바람이 씽씽 불었습니다. 베짱이는 배가 고팠지만, 빵 한 개도 없었습니다.
　그렇습니다. 베짱이는 너무 논 것입니다. 후회했지만, 이미 때는 늦었습니다.

문형연습

1
① 어제 처음 갔습니다.
② 20분 정도 체조를 했습니다.
③ 지난 달 일본어능력시험을 봤습니다.

2
① 그렇게 많이 있는지는 몰랐습니다.
② 은행 맞은편에 차를 세웠습니다.
③ 작년에 김포에서 인천으로 이사했습니다.

3
① 꽤 좋았지요?

② 환경과 평화가 중요한 문제지요?
③ 저 의자 위의 상의는 다나카씨의 것이죠?

4

① 비디오와 DVD도 많이 있고 즐거웠지요?
② 이 맨션은 역에서도 가깝고 최고네요.
③ 이제 (시간도)늦었고 이만 실례하겠습니다.

제12과 대기번호표를 뽑고, 기다려주세요 ———

기 본 대 화

최 : 저, 잠깐만요. 이것을 일본에 보내고 싶습니다만…….
직원 : 국제우편이라면 2번 창구로 가세요.
　　　 우선 대기번호표를 뽑고, 기다려주세요.
　　　　　　×　　　　　×
최 : 저, 이것을 EMS로 부탁드립니다.
직원 : 네. 알겠습니다.
　　　 이 종이에 받는 사람 주소와 내용물을 써주세요.
최 : 여기에 받는 사람의 주소를 쓰고, 옆에 내용물을 쓰면 되는 거지요?
직원 : 네, 그렇습니다.
최 : 오늘 보내면 언제쯤 도착할까요?
직원 : 동경이라면 4일정도 걸립니다.

발 전 독 해

어제는 오랜만에 친구를 만났다. 서울백화점 정면현관에서 만났다. 에스컬레이터로 7층 찻집에 올라갔다. 잠시 즐겁게 이야기를 나눈 후에, 8층 식당가 레스토랑에서 식사를 했다. 그런 후에, 친구와 헤어져서 6층 서점에 들러 30분 정도 서서 책을 봤다. 그리고 나서 책을 두 권 사서 집으로 돌아왔다.

문 형 연 습

1

① 이것을 일본에 보내고 싶습니다만.
② 사용하기 편한 전자사전을 사고 싶습니다.
③ 오늘은 빨리 돌아가고 싶습니다.

2

① 국제우편이라면 2번 창구로 가세요.
② 현금인출기라면 저기에 있습니다.
③ 그 가수의 노래라면 어떤 곡이라도 좋아합니다.

3
① 대기번호표를 뽑고, 기다려주세요.
② 안으로 들어가세요.
③ 어서 앉으세요.

4
① EMS로 부탁드립니다.
② 다음주까지 보내드리겠습니다.
③ 그 가방, 제가 들겠습니다.

5
① 옆에 내용물을 적으면 되는 거지요?
② 명동행 버스는 어디에서 기다리면 됩니까?
③ 예약은 어떻게 하면 됩니까?

6
① 오늘 보내면 언제쯤 도착할까요?
② 끝나면 말하세요.
③ 도착하면 전화주세요.

제13과 지금 뭘 보고 있는 건가요?

기본대화

김 : 최성미씨, 「도깨비투어」라는 거 들어본 적 있어요?
최 : 아니오, 도대체 「도깨비투어」라는 게 뭡니까?
김 : 1박 3일로 동경에 갔다오는 저렴한 투어를 말합니다.
　　이번에 나도 그 투어로 다녀올까 해서…….
최 : 어, 그런 것이 있나요?
　　재미있을 것 같지만 피곤하지 않을까요?
김 : 괜찮아요. 난 (아직) 젊으니까.
최 : 그런데, 지금 뭘 보고 있는 건가요?
김 : 인터넷으로 도쿄의 가볼만한 곳을 찾고 있는 중이에요.
　　역시 쓰키지 아침시장, 오다이바, 신주쿠, 하라주쿠 등이네요.
최 : 모처럼 가는 거니까, 본고장의 초밥을 먹어보는 것도 좋을 것 같아요.
김 : 네, 나도 그럴 생각입니다. 그리고 백엔숍에도 들르고 싶습니다.

발전독해

　　주5일제는 사람들의 라이프스타일을 바꿨다. 자신과 가족을 위해 시간을 유용하게 사용하려는 사람이 늘어났다. 심신의 건강을 위해 취미생활이나 운동을 즐기는 사람도 있는가하면 친구나 가족동반으로 1박 2일 여행을 떠나는 사람도 있다. 또한 영어회화학원에 다니거나 지금 하는 일 외의 자격을 따기 위해 공부하거나 하는 사람도 많아졌다.

1
① 지금 뭘 보고 있는 건가요?
② 김민수씨는 매일 아침 30분씩 달리고 있습니다.
③ 계단 있는 데에 지갑이 떨어져 있었습니다.

2
① 도대체 「도깨비투어」라는 건 뭡니까?
② 프린터라는 게 뭡니까?
③ 데지카메라는 게 뭡니까?

3
① 「도깨비투어」라는 거 들어본 적 있어요?
② 디즈니랜드에 간 적이 있습니다.
③ 낫토를 먹은 적이 있습니다.

4
① 나도 이(그) 투어로 다녀올까 해서…….
② 이번 겨울방학에는 아르바이트를 해보려고 합니다.
③ 이번에는 그만둘까 합니다만.

5
① 재미있을 것 같지만 피곤하지 않을까요?
② 금새라도 비가 내릴 것 같습니다.
③ 아주 건강해보였습니다.

6
① 피곤하지 않을까요?
② 재미있지 않을까요?
③ 어렵지 않을까요?

7
① 네, 저도 그럴 생각입니다.
② 올해야말로 다이어트를 할 생각입니다.
③ 돈을 모아서 해외여행을 할 생각입니다.

제14과 같이 가 주시겠어요?

기 본 대 화

다나카 : 김민수씨, 지금(부터) 전자사전을 사러 갈 겁니다만, 같이 가주지 않을래요?
　　김 : 좋아요. 이제 수업은 끝났으니까요.

그런데 어디로 갈까요?

다나카 : 용산전자랜드에 가보지 않을래요?
　　　 한 번 가보고 싶었어요.
　　김 : 그럼, 그러지요.
다나카 : 미안하지만, 여기에서 잠깐 기다려주시겠어요?
　　　 은행에 들러서 갑시다. 가진 돈이 없어서…….
　　김 : 아, 저기에 현금인출기가 있어요.
다나카 : 그럼, 돈을 찾아 올게요.
　　김 : 네, 알겠습니다.

발전독해

　이번 겨울방학에 일본에서 2주일 정도 홈스테이를 하고 왔다. 홈스테이를 한 곳은 야마다씨라는 분의 댁이었다. 가족 모두가 아주 밝고 친절했다. 머무는 동안은 호스트패밀리가 스키장에 데려가 주기도 했고 일본요리 만드는 법을 가르쳐주기도 해서 아주 즐겁게 지냈다. 때마침 연말연시였기 때문에 일본의 설날을 지내는 방식도 체험할 수 있었다. 학창시절의 좋은 추억이 될 것 같다.

문형연습

1
① 용산전자랜드에 가보지 않을래요?
② 오늘밤에 영화 보러 가지 않을래요?
③ 마라톤대회에 참가하지 않을래요?

2
① 같이 가주지 않겠어요?
② 제게도 가르쳐주지 않겠어요?
③ 여기에서 기다려주지 않겠어요?
④ 주소를 써주지 않겠어요?

3
① 은행에 들러서 갑시다.
② 이쯤에서 잠시 쉽시다.
③ 모두 힘냅시다.

4
① 나도 한 번 가보고 싶었어요.
② 자기가 해보는 것이 제일 좋습니다.
③ 먹어 봤지만, 전혀 맛있지 않았다.

5
① 가진 돈이 없어서…….
② 오늘은 좀 사정이 좋지 않아서…….
③ 급한 일이 생겨서, 먼저 실례하겠습니다.

MEMO NOTE

연습문제 정답

연습문제 정답

제2과 ●

1. ① [p]　　② [s]　　③ [t]　　④ [k]

2. ① [N]　　② [n]　　③ [ŋ]　　④ [m]

3. ① あ단　② え단　③ お단　④ う단

제3과 ●

1. ① 田中さんは留学生ではありません。
   ② 金さんは２年生ではありません。
   ③ ジョンソンさんはイギリス人ではありません。

2. ① いいえ、経営学ではありません。日本語です。
   ② はい、テニスです。
   ③ いいえ、４年生ではありません。３年生です。

제4과 ●

1. ① <u>それ</u>は<u>中国語の辞書</u>です。
   ② <u>これ</u>は<u>日本の伝統菓子です。</u>
   ③ <u>あれ</u>は<u>英語の教科書です。</u>

2. ① いいえ、先生の研究室ではありません。事務室です。
   ② はい、学生会館の後ろです。
   ③ いいえ、あちらではありません。こちらです。

제5과 ●

1. ① くじごじゅうごふん
   ② よじ
   ③ しちじにじゅうはっぷん

2. ① 月, 1
   ② 10時, 10時50分
   ③ 4
   ④ 11時50分, 1 時

제6과 ●●●●●●●●●●●●●●●●●●●●●●●●●●●●●●●●●●●●

1. ① 6月9日、水曜日です。
   ② 14日から 18 日までです。
   ③ 金曜日から火曜日までです。

2. ① 24日ではありませんでした。
   ② 11時からではありませんでした。
   ③ 14号館ではありませんでした。

제7과 ●●●●●●●●●●●●●●●●●●●●●●●●●●●●●●●●●●●●

1. ① あります　② います　③ あります

2. ① 雑誌が6冊あります。　② 女の人が4人います。　③ スリッパが3足あります。

제8과 ●●●●●●●●●●●●●●●●●●●●●●●●●●●●●●●●●●●●

1. ① 高くありません，安いです。
   ② おいしくありません，まずいです。
   ③ 新しくありません，古いです。

2. ① このアイスクリームは冷たくておいしいです。
   ② あの部屋は暗くて暑いです。
   ③ 私のかばんは大きくて重いです。

제9과 ●●●●●●●●●●●●●●●●●●●●●●●●●●●●●●●●●●●●

1. ① A：<u>お茶が好きですか。</u>
      B：いいえ、<u>好きではありません。</u>
   ② A：<u>サッカーが嫌いですか。</u>
      B：いいえ、<u>嫌いではありません。</u>
   ③ A：<u>英語が得意ですか。</u>
      B：いいえ、<u>得意ではありません。</u>

2. ① 彼はまじめで親切です。
   ② あの駅はきれいで便利です。
   ③ この帽子は派手で嫌いです。

제10과 ●●

1. ① A：<u>図書館へ行きますか</u>。
　　　 B：はい、<u>行きます</u>。
　　② A：<u>ワールドニュースを聞きますか</u>。
　　　 B：いいえ、<u>聞きません</u>。
　　③ A：<u>友達と遊びますか</u>。
　　　 B：いいえ、<u>遊びません</u>。
　　④ A：<u>洗濯をしますか</u>。
　　　 B：はい、<u>します</u>。

2. ① 歌を歌いながら、掃除をします。
　　② ケーキを食べながら、ニュースを見ます。
　　③ クラシックを聞きながら、勉強をします。

제11과 ●●

1. ① 去年、アメリカへ/に行きました。
　　② 夕べ、友達とサッカーをしました。
　　③ 先月、TOFELを受けました。

2. ① この部屋は暖かいし、気持ちいいです
　　② 3番の問題は複雑だし、難しいです
　　③ この上着はすてきだし、軽いです

제12과 ●●

1. ① かって, かった　　② およいで, およいだ　　③ よんで, よんだ
　　④ のって, のった　　⑤ しんで, しんだ　　⑥ あそんで, あそんだ
　　⑦ はなして, はなした　⑧ はいって, はいった　⑨ いって, いった
　　⑩ しって, しった

2. ① 飲み　② 話せ　③ 降っ　④ 帰り

제13과 ●●

1. ① きれいな花が咲いています。
　　② 本を読んでいます。
　　③ 居間でテレビを見ています。
　　④ 車が止まっています。

2. ① 行こう　② 寝よう　③ やめよう　④ しよう

제14과 ●●●●●●●●●●●●●●●●●●●●●●●●●●●●●●

1. ① お　　② ご　　　③ お　　　④ ご　　　⑤ お　　　⑥お

2. ① c.　　② a.　　③ c.

3. ① a.　　② b.　　③ a.

저자 약력

윤상실 ● ● ● ● ● ● ● ● ● ● ● ● ●

한국외국어대학교 일본어과 졸업
홋카이도대학 대학원 문학연구과 졸업(문학박사)
현대일본어문법 전공
현재 명지대학교 일어일문학과 교수
저서: 『일본어학의 이해』(공저) 제이앤씨 2002
논문: 「日·韓 양 언어의 추량표현 대조연구 -주요 추량표현형식의 대응관계 분석을 통하여-」
　　　 일어일문학연구 46집 2003

이미숙 ● ● ● ● ● ● ● ● ● ● ● ●

한국외국어대학교 일본어과 졸업
대동문화대학 대학원 문학연구과 졸업(문학박사)
현대일본어문법 전공
현재 명지대학교 일어일문학과 교수
역서: 『일본어의 문법』(개정판) 박이정출판사 2004
논문: 「일본어에 나타난 여성어의 특성에 관한 연구」 일어일문학연구 46집 2003

사이토 아사코 ● ● ● ● ● ● ● ● ●

아오야마학원대학 사학과 졸업
한양대학교 대학원 일어일문학과 졸업(문학박사)
일본고전문학 전공
현재 명지대학교 일어일문학과 교수
저서: 『고등학교 日本語 I』(공저) 대한교과서 2002
논문: 「日本古代文学における女性像の研究」 한양대학원 박사논문 1998

재미있는 일본어 베이직 I

초판 발행일 2004년 3월 2일 | 3판 발행일 2006년 8월 31일

저자 ● 윤상실 · 이미숙 · 사이토 아사코
편집 ● 심현숙 · 최남순 · 조성희 · 정수림
제작 ● 김성규
일러스트 ● 정병철
발행처 ● (주)제이앤씨
등록번호 ● 제7-270호
인쇄 ● 명일인쇄
주소 ● 서울 도봉구 쌍문동 358-4 성주B/D 6F
TEL 02)992-3253 ● FAX 02)991-1285
jncbook@hanmail.net ● http://www.jncbook.co.kr

ISBN 89-5668-077-9　03730
정가 10,000원(CD포함)

ⓒ 2006 J&C Printed in Seoul Korea